ANTI-VAX-MYTHES ONTMASKERD!

EEN HILARISCHE SATIRE OVER LOCKDOWNS, EXPERTS & DE COVID-WAANZIN

PROF. OISÍN MACAMADÁIN (EXPERT)

THE TERMONFECKIN INSTITUTE OF EXPERTISE

Eerste uitgave in 2025.

Dit boek is auteursrechtelijk beschermd © Prof. Oisín MacAmadáin

Opgemaakt met Vellum

INHOUD

LOF VOOR PROF. OISÍN MACAMADÁIN!

'Eindelijk! Een boek dat de anti-vaxxers eens écht goed kan laten schuimbekken. Heerlijk!'

— President Macaroni

'En te bedenken dat Prof. MacAmadáin nooit de jongste leider van het WEF is geweest? Nauwelijks te geloven — dit is iemand die het écht begrijpt!'

— Santa Klaus

'Wacht eens... sta ík in dit boek? Dan moet ik snel even mijn haar fatsoeneren.'

— President Trudy-Wudy

'Pfoe, het werd even zorgwekkend... Godzijdank voor Oisín.'

— CEO van Pfizzle

'De crème de la crème van de Ierse samenleving werd de afgelopen twee jaar vrijwel dagelijks getrakteerd op de wijsheid van mijn gewaardeerde collega Oisín in de kolommen van *The Oirish Times*. Dat hij zijn inzichten nu in boekvorm aanbiedt, is simpelweg de kers op de taart. Wij Ieren zijn werkelijk het beste volk ter wereld en onze reactie op de pandemie bewijst dat onomstotelijk. Oisíns boek vangt deze waarheid op magistrale wijze.'

— Gubnet O'Foole, verslaggever ter plaatse voor *The Oirish Times*

'Bijzonder scherpzinnig, erudiet, intelligent. Een ware polymaat — de expert der experts. Wat zouden wij zonder hem moeten?'

— De auteur

VOORWOORD DOOR DR. ANTHONY FAUCET

Ik zal nooit de eerste keer vergeten dat ik Prof. Oisín MacAmadáin ontmoette. Niet alleen betoverde zijn heerlijk sonore Ierse accent mij onmiddellijk, ik wist op dat moment ook dat dit een man was wiens expertise ik op een dag hard nodig zou hebben.

Ik moet echter bekennen dat ik even twijfelde toen ik een uitnodiging ontving voor de opening van *The Termonfeckin Institute of Expertise* (T.I.E.). Tot mijn schaamte had ik nog nooit gehoord van de bruisende Ierse metropool Termonfeckin, ergens in het prachtige County Louth. Maar zodra ik las over de verheven visie die Prof. MacAmadáin voor deze instelling had, wist ik dat ik hem simpelweg móést ontmoeten.

Het Termonfeckin Institute of Expertise excelleert — letterlijk — in zijn eigen vakgebied, en wat voor vakgebied. De rivier de Boyne glinstert in de verte, koeien grazen vredig aan de overkant terwijl ze boterbloemen knabbelen — werkelijk geen omgeving denkbaar die meer bevorderlijk is voor wetenschappelijke verheffing. En volgens de website (waar ik geen enkele reden zie aan te twijfelen) is het T.I.E.

in een ongekend tempo uitgegroeid tot een van 's werelds toonaangevende onderwijsinstellingen. Dit is des te opmerkelijker gezien het feit dat het slechts één faculteit kent. U raadt het al: Prof. Oisín MacAmadáin zelf — decaan, afdelingshoofd én docent in één. Een ware Drie-eenheid van wijsheid en onderwijs, als die ooit bestaan heeft.

En zijn vakgebied? Simpel: expertise zelf. Wat hij ook ter hand neemt, hij doorgrondt het op manieren die voor gewone stervelingen ondenkbaar zijn. Hij is veel te bescheiden om dit hardop te zeggen, maar het is zonneklaar: de man is een compleet genie.

Daarom was er voor mij geen enkele twijfel toen de wereld werd geconfronteerd met de grootste bedreiging uit haar geschiedenis: Covid-19. Dit was de man die ik moest bellen. Het verbaasde mij geenszins dat Oisín direct bereid was te helpen. Hij beloofde plechtig om alles tot op de bodem uit te zoeken en zijn bevindingen met mij te delen (al zei ik dat hij zich niet al te druk hoefde te maken over de vraag of het virus nu van een vleermuis, kat, schubdier of — wie weet — een laboratorium afkomstig was. Dat deel zouden wij wel onderzoeken).

Zó onder de indruk was ik van zijn inzichten dat ik hem meteen benoemde tot speciaal adviseur van de pandemietaskforce van de Amerikaanse regering. Wanneer u dit boek leest, zult u zonder twijfel herkennen hoe Oisíns vlijmscherpe denken de respons in de Verenigde Staten — en uiteindelijk dus in vrijwel de hele wereld — heeft vormgegeven. Waarlijk, wij danken veel aan experts, en aan niemand meer dan aan Prof. MacAmadáin. Petje af voor jou!

Dit boek richt zich echter minder op het voorbeeldige anti-Covid-beleid dat grootheden als Prof. MacAmadáin voor ons ontwierpen. In plaats daarvan levert hij hier een nog nobeler bijdrage: hij ontkracht de gevaarlijke antivax-mythes die zo kwaadaardig over het internet zwerven. Lees het voor aan uw vrienden, lees het voor aan uw geliefden — en lees het voor uzelf terwijl u in de wachtkamer zit voor uw zevende booster. Dit is een boek om van te genieten; ik kan het u slechts van harte aanbevelen.

Met de warmste groeten,

Dr. Anthony Faucet

1

INLEIDING

MIJN NAAM IS PROF. OISÍN MACAMADÁIN EN IK BEN EEN EXPERT.

Ik heb dit boek geschreven om de manifeste onwaarheden te bestrijden die overal door complotdenkers worden rondgestrooid met betrekking tot de grootste crisis waar onze wereld ooit voor heeft gestaan.

Deze desinformatie wordt verspreid door extremisten in ons midden. In het bijzonder door complottheoretici, extreemrechtse activisten, activisten die nóg verder naar rechts staan dan die activisten, en activisten die zó ver naar rechts staan dat ze in hun slaap de ganzenpas lopen. Zij beweren te staan voor idealen als democratie, vrije meningsuiting en open wetenschappelijk debat. Nou ja — Hitler beweerde dat soort dingen óók. Tenminste, ik denk dat hij dat deed. Ik lette niet zo goed op tijdens die geschiedenisles, maar het punt is: deze mensen zijn gevaarlijk en MOETEN de mond worden gesnoerd. Daar zijn we het, neem ik aan, allemaal over eens.

Daarom heb ik dit boek geschreven. Ik heb mijn jarenlange expertise en de kritische denkvaardigheden die ik gedurende mijn lange en buitengewoon onderscheiden carrière heb ontwikkeld, ingezet om waterdichte argumenten te formuleren tegen de bizarre beweringen van Covid-ontkenners. Het doel is om u in staat te stellen deze dwazen voorgoed het zwijgen op te leggen. Dan kunnen we eindelijk allemaal weer VEILIG ZIJN, IEDEREEN vaccineren (menselijk én niet-menselijk), iedereen OPNIEUW vaccineren (vele malen, in feite), en onze inspanningen verdubbelen om deze vreselijke ziekte VOOR ALTIJD uit te roeien.

Om iemand te parafraseren die ongetwijfeld aan de juiste kant van deze strijd zou hebben gestaan (want hij zou heus erkennen dat de huidige crisis veel erger is dan die waarmee híj werd geconfronteerd — en God vergeef me dat ik hier een Brit aanhaal, maar daar komt-ie):

"*We zullen doorgaan tot het einde, we zullen dit virus bestrijden waar het zich ook schuilhoudt, in al zijn duizenden varianten, nu en in de eeuwen die komen.*

We zullen het bestrijden op zeeën en oceanen (je weet immers nooit waar het volgende uitbraakpunt zal zijn).

We zullen het bestrijden met groeiend vertrouwen in de lucht (of misschien beter: alle vliegreizen stopzetten — uitgezonderd voor de superrijken en politici natuurlijk, al zullen zij dan wel maskers moeten dragen, tenminste wanneer ze gefotografeerd worden).

We zullen ons eiland verdedigen, wat het ook kost;

we zullen het bestrijden op de stranden (mits deze zich binnen 5 km van uw huis bevinden),

we zullen het bestrijden in de velden (maar uitsluitend tijdens uw toegestane dagelijkse lichaamsbeweging),

en in de straten (waarom u daar überhaupt zou zijn blijft een raadsel!).

We zullen ons nooit overgeven, en zelfs als — wat ik onmogelijk geloof — dit eiland onderworpen en uitgehongerd zou raken, dan zullen onze bondgenoten in regeringen wereldwijd de strijd voortzetten, totdat de Nieuwe Wereldorde, met al haar macht en glorie, te hulp schiet en de oude wereld bevrijdt."

Ik twijfel er niet aan dat Winston mijn gebruik van zijn woorden hier zou zegenen.

Ik wil van deze gelegenheid gebruikmaken om mijn redacteur, Máire Ní Fheadair, de enige en eeuwige afgestudeerde van het Termonfeckin Institute of Expertise, te bedanken voor haar (redelijk) deskundige blik op de tekst. Natuurlijk kunnen wij niet allen volmaakt zijn, en daarom zijn eventuele resterende fouten uitsluitend háár verantwoordelijkheid.

Ook draag ik dit boek op aan mijn vader — een man die waarlijk geen dwaas was — en die mijn intellectuele scherpte al vroeg herkende. Hoe verdrietig dat ik je niet persoonlijk kan vertellen, pap, dat ik gisteren een telefoontje kreeg van een groot Social-Media-bedrijf met het verzoek om hun **Factchecking-afdeling** te leiden... ach, kon je maar hier zijn. Maar goed — ik vertel het je later wel, en wie weet, misschien laten ze je eerder vrij dan verwacht. In elk geval probeer ik elke dag mijn best te doen om het MacAmadáin-DNA eer aan te doen.

Tot slot dank aan mijn lieve vrouw. Hoe vaak hebben wij elkaar de afgelopen jaren getroost, hoeveel moeilijke tijden zijn gepasseerd. Maar zelfs wanneer we dachten dat er écht niets meer op Netflix te vinden was, bleek er toch altijd nog één serie over. Alle liefde voor jou, mijn dierbare Assumpta.

Met dit alles gezegd, hoop ik dat dit boek u zal helpen zich te wapenen in de grote strijd tegen desinformatie, die zich als een virus door de duistere hoeken van het internet verspreidt.

Hoogachtend — en alsjeblíéft, in godsnaam, blijf extreem veilig,

Prof. Oisín MacAmadáin

Voor mediavragen: **oisinmacamadain@icloud.com**

2

HOOFDSTUK EÉN: COVID-ONTKENNENDE MYTHEN ONTKRACHTEN!

Welnu — om dit boek af te trappen, gaan we enkele van de meest flagrante leugens behandelen die Covid-ontkenners verspreiden over het virus. Dingen zoals de vermeend dubieuze oorsprong, het zogenaamd 'niet zo hoge' infectiesterftecijfer (!) of het idee dat lockdowns uiteindelijk misschien toch niet ideaal waren. Maar voordat we met mythbusting beginnen, lijkt het gepaster dit hoofdstuk te openen met een positieve noot — een herinnering aan de vroege pandemiedagen, toen de wereldgeschiedenis voorgoed en *ten goede* veranderde.

Lessen uit China

We hebben veel te danken aan China. Zij waarschuwden ons als eersten voor de dodelijke ernst van dit virus. Ik vergeet nooit hoe ik in die weken video's zag waarin een man over een plein wandelde, nieste — en *pats*, hij én iedereen rondom hem viel dood neer. Of dat dorpje bij

Wuhan waar raven rond honderden lichamen cirkelden en hazmat-teams vergeefs zochten naar één levende ziel.

Maar China toonde niet alleen *hoe* gevaarlijk Covid was — ze toonden ook precies *hoe* je ermee omgaat. Soms heeft wetenschap *radicaal nieuw denken* nodig. Echte Da-Vinci-momenten. En dat is wat China deed toen het Wuhan afsloot met tanks, soldaten en een eenvoudig maar briljant model: iedereen die zich buiten waagde werd neergeschoten. Waarom we respiratoire virussen nooit eerder zo bestreden hebben zal een eeuwig mysterie zijn — maar wie dit systeem bedacht verdient een Nobelprijs.

De wereld keek. En volgde. En achteraf gezien hebben we nooit teruggekeken. Wetenschap bereikte hoogten die we eerder onmogelijk achtten — dankzij Chinees genie.

Maar vanzelfsprekend was dat niet. Toen Covid Italië bereikte, hield iedereen de adem in. Hoe zou zo'n sociaal volk dit aanpakken? Wel — zij zagen het succes van Wuhan en grepen het volgens het oude spreekwoord *recht uit paardenmond*. De minister van Volksgezondheid riep: *"Alle burgers blijven binnen en zingen voortaan opera vanaf het balkon!"* Het was een hoogtepunt in de geschiedenis van volksgezondheid. Eén kanttekening — Italië onderschatte hoe ver Covid-druppels reiken wanneer een sopraan ademt. Maar zelfs Vergilius knikt — we vergeven het hun.

Daarna keek de wereld naar het VK, waar Prof. Neil Ferguson van Imperial College berekende dat zonder lockdown het dodental enorm zou zijn. Gelukkig herkende Boris Johnson even intellectueel gezag, en dus ging het VK op slot.

Wij, het Termonfeckin Institute of Expertise, ondersteunden dat volledig. Onze modellen (te vinden als *Ierlands Volgende Grote Hongersnood: Voorbereiding op de Dreigende*

Covid-Catastrofe) voorspelden volledige verwoesting van Cork, Galway en Dublin. Dankzij ons ging Ierland in lockdown — op Paddy's Day nog wel. Wij blijven trots, al had de regering ook onze aanbeveling tot gedwongen overplaatsing naar sociaal-gedistanceerde kampen moeten volgen. Volgende keer duwen we harder.

Hoe dan ook — China, Italië, Ferguson, wijzelf — de rest van de wereld volgde. Van Peru tot Turkmenistan. Mensen herkennen een goed idee wanneer je het hard genoeg herhaalt. En dankzij lockdowns werden *talloze levens gered.*

Pfoe — we zijn er goed vanaf gekomen.

De Great Barrington-verklaring

En ik bedoel echt dat we er goed vanaf zijn gekomen, want vreemd genoeg lijkt niet elke wetenschapper het ermee eens te zijn dat lockdowns talloze levens hebben gered. Stel u eens voor dat *zij* de leiding hadden gehad — niet bepaald de briljantste groep, toch? Lockdowns = minder gevallen = minder doden. Simpel genoeg dat zelfs een peuter het snapt. Maar goed — dit is een boek over het bestrijden van desinformatie, laten we dus beginnen.

Een populaire truc onder Covid-ontkenners is te verwijzen naar zogenaamd prestigieuze experts die lockdowns een grote vergissing noemen. *"Maar hoe zit het met de Great Barrington Declaration?"* roepen ze dan, alsof een document van hobbywetenschappers achter laptops plots wetenschappelijk gezag vertegenwoordigt.

Hun sterspelers:

- Jay Bhattacharya (Stanford)
- Sunetra Gupta (Oxford)

- Martin Kulldorff (Harvard, tot 2021)

Klinkt indrukwekkend — tot je nadenkt. Hoe weten wij dat dit *die* Stanford is? Misschien is het een noodlijdend college buiten de stad dat de naam van de universiteit leent, zoals Ryanair die je zogenaamd naar Düsseldorf vliegt maar je eindigt in een akker drie uur verderop. Bhattacharya zegt het niet hardop, maar ik vermoed aanstelling bij Stanford Polytechnic.

Hun grote idee? *Gerichte bescherming.* Bescherm ouderen en kwetsbaren en laat de rest normaal leven. Lieve hemel. Dat heet discriminatie. Oma binnen — wij feesten? Nee. Gelijkheid telt. Als oma binnenblijft, blijven *wij allemaal* binnen.

En bovendien — hoe weten we dat Covid geen muren doorkruist? Als het de halve wereld overstak, waarom dan geen baksteen? Het veilige antwoord is duidelijk: iedereen binnenhouden. Vooral oma, die anders op het idee komt thee te serveren. Bescherming betekent binnen blijven — met liefde.

Laat helder zijn: dat ik ouderen noem betekent *niet* dat sommigen meer risico lopen dan anderen. Covid discrimineert niet. We lopen *allemaal* veel risico. Dus blijf binnen. Het ene moment ben je asymptomatisch, het volgende moment vermoord je iemand met een ademtocht.

Hun groep noem ik liever de *RIP-brigade* — 'Rest in Peace' ('Rust in Vrede'). Miljoenen zouden gestorven zijn.

Toch schrok ik bij het horen over de Great Barrington Declaration. Dus mailde ik mijn vriend Dr. Faucet.

"*Van: Prof. Oisín MacAmadáin (termonfeckinein-stein@termonfeckininstitute.ie)

Aan: Dr. Antony Faucet

Onderwerp: ZEER RANDGROEP VAN ZELFVERKLAARDE WETENSCHAPPERS — GEVAAR!!!

Hé Tony,

Ik ben bezorgd over iets dat zij de Great Barrington Declaration noemen.

Het kan ons werk ondermijnen. Ze pleiten voor bescherming van kwetsbaren maar vrijheid voor anderen. Als mensen zúlke nuance begrijpen, zijn we verloren. Publiceer een vernietigende weerlegging (ik kan schrijven), roep het leger, meld Joe dat dit terrorisme is!

Erger — Nobelprijswinnaar Levitt heeft getekend.

Laten we zijn Nobelwerk factchecken tot hij een idioot lijkt.

Met nerveuze groet,

Oisín*"

Daarna bezocht ik de website. Eén lang gaapfestijn. Gelukkig leest niemand tegenwoordig lange teksten. Een Stanford-studie (vermoedelijk de echte Stanford, maar wie weet) toonde dat ongeveer evenveel wetenschappers gerichte bescherming steunen als lockdowns — maar *wij* hebben groter bereik op sociale media. Zoals het hoort.

En hiermee kwam een idee. Als zij een verklaring hebben, kunnen wij dat ook. Hun "Great" kunnen we overtreffen. Termonfeckin Akkoord? Nee. Termonfeckin Testament? Bijna. Tot het plots kwam:

De Grote Termonfeckin Ejaculatie.

Bijbels. Episch. Onvergetelijk. Ik zal het organiseren.

Ja, Varianten zijn Eng!

Welnu — terwijl we allemaal met spanning uitkijken naar mijn Grote Termonfeckin Ejaculatie, moeten we intussen verder met de volgende hardnekkige mythe. Nadat we hebben gezien hoe de voortreffelijke Chinese aanpak om Covid te bestrijden terecht door de rest van de wereld werd overgenomen, ondanks het geklaag van een paar rechtse wetenschappers, is het tijd om het virus zelf nader te bekijken. Er is veel over te zeggen, maar laten we ons richten op één ding in het bijzonder: zijn stiekeme vermogen zich eindeloos te muteren in ontelbare varianten. Dat onderstreept alleen maar het duidelijke gevaar — al zien Covid-ontkenners dat om onverklaarbare redenen anders; maar daarom ben ik hier.

Onlangs hoorde ik op de radio een presentatrice klagen dat ze bang werd van de gedachte dat we pas bij Omicron waren. *"Er zijn nog zoveel letters in het Griekse alfabet vóór Omega..."* snikte ze. Dit was schokkend om te horen — en dan nog wel op een mainstreamzender. Alsof Covid, een virus sluw genoeg om de wereld plat te leggen, simpelweg stopt met muteren wanneer het Omega bereikt. Ik wilde meteen inbellen. Het Griekse alfabet eindigt misschien bij Omega, maar er zijn talloze andere alfabetten beschikbaar. Wat dacht je van een ouder schrift, zoals het Fenicische? Alep, Bet, Giml, Dalet, He, Waw, Zajin...

Ik hoor het BBC-journaal al:

"Welkom bij het nieuws van 21.00 uur. De minister van Volksgezondheid heeft bevestigd dat het eerste geval van de Zajin-variant is ontdekt. Margaret uit Barnstaple kreeg een loopneus en testte onmiddellijk. 'Ik was verbaasd,' zei Margaret, 'want ik dacht immuun te zijn sinds ik vorig jaar drie prikken kreeg voor Giml.'"

Persoonlijk zie ik geen realistisch scenario waarin Covid ooit stopt met variëren. Waarom daarna niet overstappen op Chinese karakters, uit eerbetoon aan de oorsprong? Met meer dan vijfduizend karakters kunnen we eeuwen vooruit.

Gelukkig gebruiken we niet langer benamingen als “Indiase variant” of “Braziliaanse variant”. Toen Delta zo werd genoemd, leidde dat tot racistische retoriek. Een oud-KIP-lid zei naar verluidt: *“Hierheen komen, onze ziekenhuisbedden inpikken... wat is er mis met een goede Engelse verkoudheid?”* De ironie was zoet toen later een variant in Kent opdook — praktisch een UKIP-variant. Macron blokkeerde prompt reizigers uit het VK; een verstandige voorzorg, zeker als men hoest.

Wat Omicron betreft, ben ik het zat dat men roept dat het een anagram is van “moronic”. Hoe ongepast. Er is niets moronisch aan de rationele wereldwijde bestrijding van Covid. Anti-vaxxers zeggen dat Omicron milder is en dat virussen na verloop van tijd natuurlijk afzwakken — en dus waarom maken we ons nog druk. Laten we deze mythe voor eens en altijd begraven. Zelfs áls een virus milder zou worden, moeten we Covid uiterst serieus blijven nemen. Stel dat het tegen het einde van het Fenicische alfabet volkomen asymptomatisch is en zelfs gezondheidsvoordelen oplevert — het blijft Covid. Vandaag vang je een vriendelijke variant, morgen een nieuwe met Ebola-achtige sterfte. Ik zeg niet dat dat gebeurt — maar het *kan*. Covid is sluw.

En alsof varianten niet eng genoeg zijn, hoorden we recent iets nóg angstaanjagenders: *Grieperona* — een combinatie van Covid en griep. Hoe lang voordat *Poliorona* of *Leperona* opduiken? Dan zijn we pas echt verloren.

Hopelijk heb ik nu voldoende benadrukt hoe gevaarlijk varianten zijn. Wanneer Covid-ontkenners ze spottend *“scarianten”* noemen, spreken ze ironisch genoeg eindelijk de waarheid.

Nu we varianten hebben behandeld, richten we ons op andere Covid-mythen. Je hoeft niet ver te zoeken om claims te vinden dat Covid seizoensgebonden is, dat natuurlijke immuniteit voldoende bescherming biedt, of dat virale lading relevant is. Dat bracht me terug naar een Zoom Q&A die ik hield met enkele bewoners van Termonfeckin. Al die misvattingen kwamen aan bod, en een transcript daarvan lijkt het handigste middel om zulke ideeën voor eens en altijd te vernietigen...

Een Q&A met Oisín

"*Oisín: Goedenavond, iedereen... fijn om jullie allemaal te zien. Laten we er meteen induiken. Wie heeft de eerste vraag?*"

V: Hallo Prof. MacAmadáin, Miriam O'M. hier. Ik hoop dat het goed met u gaat. Eh... ik vroeg me af welke informatie we momenteel hebben over het laatste infectiesterftecijfer. Ik luisterde naar Prof. Ioannidis en...

Oisín: Professor wie? Nooit van gehoord. Ik hoop dat u uw informatie uit *betrouwbare* bronnen haalt, Miriam?

Miriam: Nou, hij leek betrouwbaar genoeg, Prof. MacAmadáin, maar u bent natuurlijk het best geplaatst om zijn ideeën te beoordelen. Hoe dan ook, hij heeft zojuist een artikel gepubliceerd, "*The infection fatality rate of Covid-19 inferred from seroprevalence data*", en...

Oisín: Oh Heer — er is *altijd* eentje, nietwaar? En geloof maar dat het dan meteen de eerste vraag moet zijn!

Miriam: Het spijt me, Prof. MacAmadáin?

Oisín: Ga verder.

Miriam: Oké... hij suggereert dat de mediane IFR rond de 0,27% ligt. Wat denkt u?

Oisín: Absolute onzin. Bij het Termonfeckin Institute of Expertise hebben wij berekend dat de IFR dichter bij *34%* ligt. Houdt u zich aan officiële bronnen, Miriam! Hm. Geen beste start. Volgende vraag?

V: Sandra B. hier, Prof. MacAmadáin — de lokale bloemist. Uiteraard is mijn winkel gesloten, maar voor wanneer we weer open mogen vroeg ik mij af... kan Covid zich in *bloemen* verstoppen?

Oisín: Eindelijk een nuttige vraag. Ja, het kan zich overal verbergen, Sandra. Ik raad u dus aan gesloten te blijven totdat iedereen in Termonfeckin minstens *viervoudig gevaccineerd* is.

V: Dag Prof. MacAmadáin, Maureen R. hier, we hebben elkaar een paar jaar geleden gezien op de Termonfeckin Tractor Race...

Oisín: Natuurlijk, Maureen, ik herinner het me levendig. Heeft uw man toen niet een medaille gewonnen?

Maureen: Nou, zijn tractor startte niet — maar goed. Ik wilde u vragen... ik was blij met mijn vaccinaties, maar na mijn derde prik kreeg ik een kleine hartaanval — echt een héél kleine, niets ernstigs. Zou het mogelijk kunnen zijn dat de v—

Maureen R. is verbroken

Oisín: Jammer, we lijken Maureen kwijt te zijn. Waarschijnlijk voor het beste — ik weet *precies* waar die vraag heenging. Volgende!

V: Dag Prof. MacAmadáin, Joan hier. In tegenstelling tot de vorige spreker ben ik *geen* anti-vaxxer — integendeel. Ik heb vijf prikken gehad en toen ik Covid kreeg wist ik dat ik veilig was. Ik bleef kalm toen ik hypoxisch werd, mijn man de ambulance belde, ik tekenen van ademnood kreeg... zelfs aan de beademing bleef ik optimistisch. En kijk — ik leef nog om het verhaal te vertellen! Dankzij de vaccins. Ik zeg elke dag: *"Joan, het had zoveel erger kunnen zijn."*

Oisín: Een ontroerend voorbeeld, Joan. Ik heb een vriend in Dublin wiens volledig gevaccineerde vader aan Covid is overleden — hij zei hetzelfde: het had *veel erger* gekund. Volgende?

V: *Dia dhuit*, Prof. MacAmadáin, hier Patricia. Klopt het dat Covid seizoensgebonden is? Kunnen we ons in de zomer iets minder zorgen maken — misschien één of twee keer naar de achtertuin?

Oisín: Aangezien onze regering midden in de zomer *mondkapjes verplichtte*, hoe kunt u zoiets vragen? Denkt u dat ze dat gedaan zouden hebben als Covid in de zomer *minder* dodelijk was?!

Patricia: Oh, het spijt me… wat dom van mij.

Oisín: Verdomd juist. U mag naar uw tuin — met mondkapje. Volgende?

V: Goedenavond, Prof. MacAmadáin. Sheila L., natuurgeneeskundige. Kunt u iets zeggen over het verbeteren van *natuurlijke immuniteit*? Vitamine D-supplementen?

Oisín: Vitamine D? Waarom niet meteen *bleekmiddel drinken*, zoals Trump? Eerlijk gezegd vraag ik me af waarom ik deze Q&A überhaupt doe. Laat me raden — u gelooft ook dat kristallen Covid genezen? Volgende.

V: Dag Prof. MacAmadáin, Sinead H. hier. Bedankt voor uw expertise — ik stuur mijn zoon later graag naar uw instituut. Mijn vraag: als we *asymptomatisch* zijn, hoe waarschijnlijk is het dat we iemand besmetten zonder het te weten?

Oisín: De vraag moet zijn: *"Kan ik iemand doden met Covid zonder dat ik het weet?"* En het antwoord is een volmondig *ja*.

Oisín: Goed — nog één vraag. Mijn geduld is bijna op.

V: Prof. MacAmadáin — Deirdre van het postkantoor. Ik moet bekennen dat ik me niet heb laten vaccineren en—

Oisín: Wat? Ongevaccineerd en u raakt *al onze post aan*?! Ik bel de Gardaí *direct* (de Ierse politie)! Waar is mijn telefoon? Garda Morrison? Een misdaad! Een ramp!

Deirdre: Ik ben weg! Het was fijn jullie gekend te hebben!

Oisín: Snel, iedereen! Naar de rand van Termonfeckin! Blokkeer de wegen! Vorm een posse!

Sandra: Maar... Prof. MacAmadáin?

Oisín: Wat nu, Sandra? Tijd dringt!

Sandra: Moet het een *sociaal gedistantieerde* posse zijn?

Oisín: Eh — ja, zeker. Twee meter afstand, iedereen!

Miriam: Maar samenkomsten tussen huishoudens zijn verboden?

Oisín: Oh... juist. Dan alleen een posse *binnen eigen huishouden*.

Miriam: Dat betekent dat ik alleen mijn driejarige zoon kan meenemen?

Oisín: Ehm...

Sandra: En als ze meer dan 5 km uit Termonfeckin is? Geldt achtervolging als *essentiële reis*?

Oisín: Eerlijk — geen idee.

Patricia: En hoe vangen we haar als we twee meter afstand moeten houden?

Oisín: Iemand toevallig een taser?

Maureen: Te laat! Ze is net weggereden.

Oisín: Laat de politie het oplossen. Maar onthoud: gevaar schuilt *in ons midden*. Ik sluit hierbij de sessie. Ik hoop dat u mijn expertise nuttig vond. Er valt veel te overdenken, zeker."

Nou — ik hoop dat dit heeft laten zien *welke argumenten u kunt gebruiken* wanneer mensen met werkelijk domme ideeën aankomen over Covid. Beschaamd moet ik toegeven dat sommigen uit mijn eigen dorp deze meningen huldigden. De politie heeft Deirdre nooit gepakt — ze is gevlucht naar Mexico, waar men ongevaccineerden binnenlaat zonder zelfs een kortstondige gevangenisstraf. (*Ik behandel Mexico en zijn Covidiaanse fratsen later uitgebreider.*)

Aan de positieve kant ben ik blij dat één van de *allergekste* ideeën die rondgaan die avond niet werd genoemd. U kent het zonder twijfel — en dus richten wij nu onze aandacht op...

De Oorsprong van Covid

Nu, dit idee is natuurlijk volkomen waanzinnig. Sommige mensen geloven echt dat het virus gelekt is uit een laboratorium dat gespecialiseerd is in zogenaamd *gain-of-function* onderzoek — en dat dit lab in Wuhan zelfs financiering kreeg van het National Institutes of Health van de Amerikaanse regering. Ik was vastbesloten om deze mythe in dit boek grondig te weerleggen.

Maar toen ik met een vriend sprak, iemand *heel hoog in de Amerikaanse overheid*, zei hij dat ik dat absoluut niet moest doen. Hij drong erop aan dat het voor mijn *eigen bestwil* was en dat *Guantanamo Bay niet de plek is waar je wilt eindigen.*

Ik antwoordde nog: *"Maar het lab staat in Wuhan — daar zou ik onderzoek doen, niet in Guantanamo."*

Hij keek me strak aan — voor zover je auditief een blik kunt horen — en zei: *"Ik denk niet dat je mij snapt, Oisín. Laat het er gewoon uit, oké?"*

Omdat ik een loyale vriend ben, besloot ik het verzoek te respecteren. Het moet wel een idee zijn dat zó absurd is dat het beneden de waardigheid van een expert valt om het zelfs maar te weerleggen. En dus laat ik het rusten.

Hoe dan ook — daar hebben we het, mensen. We hebben nu haarscherp uiteengezet hoe gevaarlijk Covid is, hoe sluw het zich vermenigvuldigt en muteert, en welke bizarre theorieën mensen verspreiden om te doen alsof het allemaal wel meevalt. We hebben tevens laten zien waarom *lockdowns de beste aanpak zijn* en hoe de wereld gelukkig naar verstandige experts luisterde.

Sommige mensen zullen beweren dat lockdowns onze

samenleving hebben geschaad, dat ze economieën ruïneerden, kinderen opsloten, geestelijke gezondheid ondermijnden en kleine ondernemers vernietigden.

Onzin.

En daarom, in het volgende hoofdstuk, gaan we kijken hoe het leven onder Covid niet alleen *niet* erg was — maar hoe het, integendeel, eigenlijk best een feest bleek te zijn!

3

HOOFDSTUK TWEE: DE VELE VREUGDEN & ZEGENINGEN VAN DE LOCKDOWN

Nu, als je de anti-vaxxers zou geloven, is het leven de afgelopen jaren vreselijk onderdrukkend geworden en valt de samenleving uiteen onder de druk van zogenaamde 'draconische' lockdownmaatregelen. Wel — dat is *totaal* niet mijn ervaring geweest. En dus zal ik in dit hoofdstuk de mythe behandelen dat er een dystopische hel is ontstaan voor onze kinderen, ons sociale leven en zelfs dat maskers ons 'minder menselijk' zouden maken. Lees verder, MacDuff — zoals het gezegde luidt, geloof ik...

Maskers, Glorieuze Maskers

Een van mijn grootste dagelijkse vreugden was een bezoek aan mijn buurtwinkel en het aanschouwen van een zee van halfblauwe gezichten — een zichtbaar teken van onze gezamenlijke toewijding elkaar te beschermen. En ik weet niet hoe het met u zit, maar ik vind maskers ronduit *sexy*. Ik betrapte mijzelf er vaak op te staren naar de adembenemende schoonheid van voorbijgangers. Sterker nog: een studie van de Universiteit van Cardiff bewees aantoonbaar dat mondmaskers mensen aantrekkelijker maken — en zoals u weet, volg ik altijd de wetenschap.

Wanneer ik daarentegen iemand zag zonder masker — of met zelfs maar een fractie van een neusgat zichtbaar — fronste ik vroeger diep (verbaal berispen is immers riskant; men zou zo een virale lading kunnen uitwisselen, al zouden ze het eerlijk gezegd verdienen). Tot mijn frustratie realiseerde ik me echter dat niemand mijn frons kon zien. Maar toen vond ik de oplossing! Ik draag nu altijd een stapeltje boze-gezicht-stickers bij me, zodat ik ze op mijn masker kan plakken wanneer ik mijn diepe morele afkeuring wil tonen.

De meeste mensen hebben de geest van de zaak echt begrepen. Sommigen dragen drie maskers én een vizier. Anderen slechts twee — nog steeds bewonderenswaardig. Sommige ouders maskeren hun baby's. Anderen zelfs hun honden. Mijn kat gaat nooit wandelen, maar wanneer we bezoek krijgen, gaat er netjes een masker op. En wanneer ik ga autorijden, draag ik uiteraard óók een masker — virale druppels kunnen immers via het luchtfilter naar binnen komen.

Stel u daarom mijn schok voor toen ik hoorde van een Deense studie die aantoonde dat maskers 'geen statistisch verschil' maakten in infectiecijfers. Zoals altijd bij vermoedelijke complottheorieën, zocht ik onmiddellijk de bron op. Het bleek te gaan om een artikel met een verschrikkelijk lange titel,[1] geschreven door een zekere Dr. Henning Bundgaard van de Universiteit van Kopenhagen. Het lezen bracht mij in zo'n staat van verontwaardiging dat ik direct besloot een brief te schrijven naar de British Medical Journal:

'Geachte heer redacteur van de BMJ,

Ik verkeer nog steeds in een toestand van bijna apoplectische schok na het lezen van het zogenaamde wetenschappelijke artikel van Dr. Herring Bumgaard. Haar studie vergeleek infectiecijfers tussen een groep die buitenshuis verplicht maskers droeg en een andere groep die dat niet deed. Na twee maanden bleek 1,8% van de gemaskerde groep besmet te zijn geraakt, tegenover 2,1% van de ongemaskerde groep — waarop zij concludeert dat er 'geen statistisch verschil' zou zijn.

Dit zijn misschien keurige cijfers, maar de échte vraag luidt: welke ethische commissie, haar zilte kabeljauw waardig, zou ooit toestemming geven voor zo'n studie? Drie duizend mensen instrueren midden in een pandemie zonder masker rond te lopen? Het had kunnen leiden tot massamoord op ongekende schaal. Hoe weten wij bijvoorbeeld dat niet 100% van de besmette ongemaskerde groep later is gestorven door hogere virale blootstelling? Werd überhaupt gecontroleerd of ze nog leefden? En als zij het overleefden, hebben zij wellicht complete wijken van Kopenhagen uitgeroeid met hun druppels. Heeft Dr. Bumgås dit overwogen? Waarom worden deze punten niet behandeld? Ik roep de Deense regering op onmiddellijk een openbaar onderzoek te starten.

Zoals veel Ieren heb ik Vikingbloed in mijn aderen. Het stemt mij diep bedroefd te zien hoe sommige landen van mijn voorouders deze pandemie aanpakken. Zweden besloot al hun oma's te offeren; nu komen de Denen met desinformatie in de gedaante van wetenschap — hoe gekwalificeerd Dr. Makreel zichzelf ook acht.

Is mise,

Prof. Oisín MacAmadáin, Termonfeckin Institute of Expertise.'

En juist op de dag dat ik dit verzond, las ik in de Ierse kranten dat een groep rechtse ouders protesteerde tegen maskers op basisscholen. Het zijn studies als die van Dr. Bümflüff die dat soort extremisten vleugels geven. Maar dergelijke onderzoekers lijken zich nooit af te vragen of hun conclusies stroken met de wetenschap én of ze de anti-vaxxers misschien nog extra aanmoedigen.

Terwijl Dr. Bumfårt de wetenschap niet volgt, doe ik dat natuurlijk wél. Gisteren nog las ik een studie van de Universiteit van Cambridge (veel prestigieuzer dan Kopenhagen, al uiteraard minder dan het Termonfeckin Institute of Expertise), waarin men onderzocht hoe maskers nóg meer levens kunnen redden. De studie — *Face mask fit hacks* — concludeerde dat wanneer iemand een stuk panty over zijn masker draagt, de virale lading tot wel zeven keer kan worden verminderd. Echt wetenschappelijk werk maakt mij opgewonden — dus zette ik onmiddellijk mijn masker op en snelde naar boven naar mijn vrouw. *'Doe je panty uit, liefste!'*

'O, Oisín,' zuchtte ze. *'Ik hou ervan wanneer je me zo verrast... maar wat ben je — OISÍN?!!'*

Toen ik even later mijn nieuwe look in de spiegel bewonderde, wist ik dat deze doorbraak van de knappe koppen in Cambridge dringend landelijk moest worden ingevoerd. Ik nam mij dan ook voor het idee te presenteren wanneer ik volgende week opnieuw op RTÉ verschijn. Zijn zij niet onze pioniers in pandemische oplossingen? Ik herinner me een segment waarin twee heren — een ervan een biochemieprofessor — in enorme plastic bubbels stonden en verklaarden dat dit de toekomst van veilige concerten was. Tussen reusachtige bubbels en panty-over-maskers moeten we er komen.

Een Kort Woord over Daten

Al dat gepraat over panty's heeft me plotseling in een enigszins amoureuze stemming gebracht. En hoewel ik natuurlijk gelukkig getrouwd ben, stel dat ik een jonge vrijgezel was in deze lockdown-tijd — dan zou mijn Tinderprofiel er ongeveer zo uitzien (ik hoop dat het als leidraad mag dienen voor iedere jongeman die onterecht denkt dat lockdowns zijn liefdeskansen hebben geschaad):

Gebruikersnaam: **Oisínsexyness**

Leeftijd: 22

Zoekt: Vrouw, 18–30, minimaal drievoudig geboosterd.

Vaccinatiestatus: Dubbel gevaccineerd + drie boosters.

Hé schat! Men zegt dat ik voorbestemd ben voor grote dingen.

Zullen we een Zoom-call doen om notities uit te wisselen over onze vaccinaties?

Zolang je niet gelooft dat Bill ons wil chippen, LOL, komt het vast goed.

En mocht de lockdown ooit eindigen en we elkaar ontmoeten: ik draag altijd bescherming,

en ik hoop dat jij je masker dan ook ophoudt.

Eerlijk gezegd — met dit soort profielen kun je bijna niet verkeerd gaan.

Maar goed, hoe zit het met kinderen? Anti-vaxxers beweren graag dat *hun* mentale gezondheid heeft geleden, dat onderwijs is ingestort en dat we een 'generatie trauma' hebben gecreëerd. Onzin. En dus:

Nee, de Pandemie Leidt NIET tot Geestelijke Gezondheidsproblemen bij Kinderen

Ik kan werkelijk niet bevatten dat extreemrechtse anti-vax ouders beweren dat lockdowns negatieve invloed hadden op kinderen. Ze maken zich *zorgen* over schoolsluitingen, maskerplicht, afstand houden... dit is pure overbezorgdheid. Kinderen zijn inventiever dan hun labiele ouders denken.

Stel u voor dat je zes bent en je krijgt te horen:

- dat een dodelijk virus zich over de wereld verspreidt
- dat jij het *nu al bij je zou kunnen dragen*, zelfs zonder symptomen, en dus per ongeluk je grootouders kunt doden totdat zij ooit gevaccineerd zijn
- dat je daarnaast je ouders kunt doden, dus dat knuffelen beter uitgesteld wordt tot *de prachtige dag dat ze een prik krijgen*
- dat jij waarschijnlijk niet sterft, maar wél iedereen anders om je heen
- dat je op school altijd een masker moet dragen om te voorkomen dat jij al die ouders en grootouders omlegt
- dat je leert dat zelfs vaccinatie niet betekent dat je veilig bent — alles blijft gelden
- dat je dus afstand moet houden, stilte moet betrachten en contact moet vermijden

En dan beweren sommige mensen serieus dat dit slecht zou kunnen zijn voor de kinderziel?

Volgens mij kweekt dit alleen maar *verantwoordelijke, empathische en veerkrachtige burgers*. Dagelijks zijn zij zich bewust dat ze door één verkeerde ademtocht iedereen kunnen doden. Is dat geen wonderlijke training in respect voor grenzen? En op school vermijden ze elk spontaan contact — zodat ze hun vrienden niet kwijtraken. Is dat niet de zuiverste vorm van empathie?

En vergeet hun eigen risico niet: zij weten dat ook zij op elk moment door het virus geveld kunnen worden. Onze kinderen zijn ware helden.

Een onverwachte zegen van de pandemie is dan ook dat de volgende generatie kalm en altruïstisch zal zijn in tijden van crisis — zoals *wij volwassenen* natuurlijk óók waren. Kinderen imiteren hun voorbeelden.

Dus laten we onszelf gerust op de schouder kloppen. De volwassenen in de kamer (uitgezonderd de infantiele anti-vax ouders hierboven genoemd) hebben werkelijk het goede voorbeeld gegeven.

Het Ideale Covid Klaslokaal: Een Casestudie

Wat betreft de bewering dat kinderen een ondermaatse leer-ervaring zouden hebben gehad tijdens de pandemie — de feiten spreken anders. Er waren talloze scholen die de uitdaging aangingen en niet alleen een gelijkwaardig, maar soms zelfs een *betér* onderwijsaanbod realiseerden dan vóór Covid. Terwijl ik nadacht over hoe ik deze specifieke onzin het beste kon weerleggen, moest ik denken aan mijn dierbare vriendin *mevrouw Gretel Voopingkoff*, basisschoollerares in Duitsland — een land dat naar mijn bescheiden mening heeft uitgemunt in pandemisch beleid. Dus schreef ik haar een e-mail, waarin ik vroeg hoe het schoolleven er bij haar uitzag. Wat ik terugkreeg, zou iedereen moeten overtuigen dat Covid het klaslokaal tot nieuwe hoogten kan tillen. Hier is haar bericht:

> *'Hé Oisín!*
>
> *So wunderbar om weer van je te horen! Ik volg je fantastische werk bij het uitroeien van anti-vaxxer propaganda. Laten we hopen dat we niet te lang meer hoeven te wachten voordat ze eindelijk verdwijnen.*
>
> *Wat je vraag betreft — school is hier ook so wunderbar...*
>
> *De dag begint om 08.00 uur. Elk kind stapt naar voren en meldt zijn vaccinatiestatus: 'ein jab', 'zwei jab' of 'drei jab' (de beroemde super duper triple booster). Degenen met één prik*

krijgen beleefd applaus en worden aangemoedigd om hun gedrag te verbeteren. Twee prikken? Luid gejuich! Drie prikken? Dan spelen we allemaal het ganzenmarsspel (een oud spel dat we in Duitsland hebben, vergelijkbaar met jullie ringelringelroosje) en begroeten elkaar op de traditionele manier. Maar als iemand zegt dat hij ongevaccineerd is, vallen we stil en staren we slechts.

Helaas zijn er vier ongevaccineerde leerlingen in mijn klas (hun ouders zijn anti-vaxxers — bah!). Daarom hebben we hun gedeelte van het lokaal afgezet. Terwijl gevaccineerde kinderen slechts één masker hoeven te dragen, moeten de ongevaccineerden drie maskers én Hazmat-pakken dragen. Ze kunnen mij hierdoor niet horen en leren dus niets — maar dat is niet erg; het belangrijkste dat zij leren, is de dwaling van hun wegen.

We hebben sinds kort ook een alarmsysteem dat niezen en snuiven detecteert. Zodra iemand snuft, klinkt door de hele school: 'Achtung, Achtung! Vermoedelijke Virale Aanwezigheid!' Alle leerlingen moeten dan blijven staan, terwijl onze Covid-Beschermingseenheid de bron lokaliseert. Vervolgens wordt die leerling, én zijn hele klas (gevaccineerd of niet), overgebracht naar een speciaal kamp.

Dus alles bij elkaar — lesgeven is nog steeds een vreugde!

Met vriendelijke groet en een elektronische (sociaal gedistantieerde) knuffel,

Gretel'

Dit is werkelijk voorbeeldmateriaal. Hoe zou iemand na zo'n verslag nog durven suggereren dat kinderen tijdens Covid iets tekort zijn gekomen? Om goed te kunnen leren, moeten kinderen zich veilig voelen én voorbereid op de gevaren van de moderne wereld. Deze aanpak doet beide. Sterker nog, *we zouden allemaal dit model moeten kopiëren.* Dan zouden zelfs de meest halsstarrige anti-vax ouders op den duur moeten toegeven dat het onderwijs vooruitgang heeft geboekt — en als ze hun kinderen uit de Hazmatpakken willen krijgen... wel, dan wordt het *prik, prik, tijd.* Al vermoed ik dat sommigen zelfs dán niets zullen begrijpen; het zijn tenslotte het soort mensen dat in de goot ligt terwijl de rest van ons sterren in de ogen heeft — of wat George Bernard Shaw ook alweer zei.

Dus daar heb je het, waarde lezer. Geen weldenkend mens zou kunnen beweren dat ons dagelijks leven — of dat van onze kinderen — negatief beïnvloed is door de pandemie. Maskers tonen onze liefde voor elkaar, kinderen groeien op in warmte en collectieve zorg, en nooit eerder heeft een generatie zo'n empathische opvoeding genoten. Laten we dus juichen voor de Lockdown en alle zegeningen die zij bracht. Hoera, hoera!

Maar hoe ga je nu eigenlijk om met anti-vaxxers wanneer je ze tegenkomt in het wild? Bijvoorbeeld wanneer je een koffiebar binnenloopt en iemand sist: *'Geluk voor jou dat je daar nog naar binnen mag!'* — wat zeg je dan terug? Hoe *factcheck* je ze effectief en elegant?

Dat, beste lezer, is het onderwerp van het volgende hoofdstuk. En zo gaan we verder.

4

HOOFDSTUK DRIE: OISÍNS GIDSEN VOOR...

Feiten controleren

Het grote probleem met het internet is dat elke willekeurige gek kan schrijven en publiceren wat hij maar wil (en dat is inderdaad een van de redenen waarom ik gemotiveerd was om dit boek samen te stellen).

En wat de pandemie betreft, is desinformatie volop aanwezig, en verspreidt zich sneller en gevaarlijker dan Covid zelf. Gelukkig waren de goede mensen bij alle grote technologiebedrijven al vroeg op de hoogte van het gevaar en trainden ze hele legers van Desinformatie-spotters & Feitencontroleurs. Deze uitstekende kerels en meiden corrigeren alle mythen die de wereld in worden gestuurd. En, jongen, wat zijn ze slim. Ik weet niet precies wat voor training ze hebben, maar het zou me niet verbazen als het op zijn minst een PhD in virologie of iets dergelijks vereist. Hoe dan ook, het punt is: deze mensen weten echt waar ze het over hebben, daar kunnen we zeker van zijn.

En we moeten allemaal dankbaar zijn voor hun inspanningen. Wist u dat, op het moment van ter perse gaan, YouTube meer dan 1 miljoen video's heeft verwijderd die Covid-desinformatie verspreiden? Dat zijn 1 miljoen video's die de deugden van bleekmiddel of de 'gevaren' van 5G prijzen, en die nu nooit meer degenen onder ons met meer beïnvloedbare en zachtere geesten zullen ondermijnen. Of dat Facebook talloze klagende antivaxxers heeft verwijderd die beweren een hartaanval te hebben gehad of te zijn overleden of wat dan ook na hun vaccinatie? Zoals de groep van 120.000 van dergelijke rechtse extremisten die zomaar werd verwijderd.

Maar dit is het punt: je hoeft geen topdeskundige zoals ikzelf of een medewerker van Facebook te zijn om te weten hoe je dingen moet factchecken. Sterker nog, iedereen kan het. Laat me je een snelle gids geven zodat ook jij de Covid-ontkenners in je leven kunt factchecken.

Over het algemeen omvat feitencontrole één van de volgende drie dingen:

1. Erkenning dat de EXPERTS het niet eens zijn met de desinformatie

2. Erkenning dat de persoon die de desinformatie verspreidt, in feite een gek is

3. Erkenning dat, zelfs als de desinformatie correct is, deze nog steeds niet waar is

Laten we nu eens kijken naar de volgende voorbeelden. Kijk of je kunt zien welke strategie ik gebruik bij elke feitencontrole (soms gebruik ik er meer dan één!). Ik hoop dat deze kunnen dienen als sjablonen die je kunt aanpassen aan elke situatie die je passend acht.

" Anti-Vax Bewering Nr. 1: Lockdowns veroorzaken meer kwaad dan goed

Feitencontrole: Een typische bewering van tegenstanders van lockdowns is dat ze meer schade veroorzaken dan ze voorkomen, met name door schade toe te brengen aan de economie, bestaansmiddelen, geestelijke gezondheid en de zorgverlening voor andere gezondheidsproblemen. Echter, EXPERTS aan de Universiteit van EXPERTISE, gevestigd in EXPERT LAND, hebben een andere mening. Hun studie, *Lockdowns Voorspellen Verhoogde Positieve Geestelijke Gezondheid Door Toename van Tijd Besteed aan Luieren en Afhaalmaaltijden Eten: Een Kwalitatieve Analyse*, geeft bijvoorbeeld aan dat lockdowns feitelijk hebben geleid tot verhoogde geluksniveaus in de ontwikkelde wereld. Ondertussen suggereert de heer Extreem Slim van De Intelligente Universiteit dat.... enzovoort.

Anti-Vax Bewering Nr. 2: De uitvinder van de mRNA-vaccintechnologie, Robert Malone, zegt dat er veiligheidsbezwaren zijn met de mRNA-vaccins

(Let ook op het gebruik van voetnoten en aanhalingstekens bij deze strategie – deze kunnen zeer nuttig zijn)

Feitencontrole: Dr. Robert Malone, een voormalig wetenschapper en nu fulltime anti-vaxxer, 'beweert' de mRNA-vaccintechnologie te hebben 'uitgevonden' tijdens zijn studie, hoewel dit wordt betwist.[1] Hij staat bekend om het verspreiden van vaccindesinformatie, tot het punt dat Twitter zijn profiel heeft verwijderd. Een onderzoek van de Universiteit van WMS (Woke Medical School) concludeerde dat het hebben van een baard, een witte huid en mannelijkheid, allemaal kenmerken die Dr. Malone toevallig deelt, sterk geassocieerd zijn met het risico om een anti-vaxxer te worden. In tegenstelling tot de mening van Dr. Malone stellen de meeste experts dat de mRNA-vaccins extreem veilig zijn en door iedereen vanaf de geboorte minstens tien keer moeten worden genomen.

Anti-Vax Bewering Nr. 3: VAERS (The Vaccine Adverse Event Reporting System) toont aan dat meer dan 29.000 mensen zijn overleden na Covid-vaccinatie per eind juni 2022

Feitencontrole: Het gebruik van VAERS-gegevens om het idee te ondersteunen dat de Covid-vaccins gevaarlijk zijn, is een veelvoorkomende tactiek die door anti-vaxxers wordt gebruikt. VAERS is echter een zelfrapportagesysteem en is niet onderworpen aan de strenge wetenschappelijke maatregelen die worden toegepast in klinische onderzoeken die hebben aangetoond dat de vaccins veilig en effectief zijn. De meldingen van meer dan 29.000 sterfgevallen in de VAERS-database bewijzen niet dat de Covid-vaccins gevaarlijk zijn: ze tonen alleen aan dat 29.000 mensen toevallig kort na hun vaccinatie zijn overleden. De dood is een statistisch veelvoorkomend fenomeen dat volgens experts in de meeste populaties voorkomt. Daarom is het niet verrassend dat, in de context van een massaal vaccinatieprogramma, een klein aantal mensen toevallig overlijdt in de dagen na hun vaccinatie.

Anti-Vax Bewering Nr. 4: Bepaalde groepen lopen meer risico op Covid dan andere

Feitencontrole: Covid-ontkenners beweren doorgaans dat ouderen, zieken en mensen met bepaalde onderliggende aandoeningen zoals diabetes en hartaandoeningen, het meest waarschijnlijk een negatieve uitkomst van Covid zullen hebben. Hoewel de mediane leeftijd van overlijden door Covid 83 jaar is en minder Amerikaanse kinderen en adolescenten zijn overleden aan Covid dan aan standaardgriep, zijn experts het desondanks oneens. Prof. Nadir Jib!?ab stelt: 'Laat me heel duidelijk zijn.... er is geen groep die niet 'risico loopt' op Covid: ouderen, jongeren, zuigelingen, zelfs foetussen kunnen allemaal een zeer, zeer, zeer, zeer, zeer SLECHTE uitkomst hebben'. Een van de belangrijkste problemen van anti-vaxxers die het bovenstaande idee verspreiden, is dat het het concept van 'risicostratificatie' bevordert, of het idee om de specifieke gezondheidsrisico's te identificeren waarmee verschillende maatschappelijke groepen te maken hebben met Covid-19 en om volksgezondheidsstrategieën te ontwikkelen die geschikt zijn voor elke groep. Deze aanpak is niet alleen discriminerend en leeftijdsgebonden, het kan er ook toe leiden dat sommige mensen de waarde van het opsluiten van iedereen in twijfel trekken. Prof. Jib !? ab vervolgt: 'Het is erg belangrijk dat mensen begrijpen dat het sluiten van alle bedrijven, cafés, restaurants, niemand anders zien of ooit je eigen huis verlaten, allemaal instrumenten zijn gebaseerd op de sterkste wetenschap.'

Anti-Vax Bewering Nr. 5: Het verbeteren van natuurlijke immuniteit is een effectieve manier om een negatieve Covid-uitkomst te verminderen

Feitencontrole: Veel anti-vaxxers beweren dat een gezond immuunsysteem in staat is om Covid af te weren. Dit soort 'natuurlijke gezondheidsvooroordelen' komt waarschijnlijk voort uit het feit dat anti-vaxxers meestal geïnteresseerd zijn in alternatieve en slecht gereguleerde gezondheidsbehandelingen zoals aarding, kristalheling en darmspoelingen. Experts wijzen er echter op dat het immuunsysteem, buiten de context van vaccinatie, niet langer zo centraal staat voor de gezondheid van het lichaam als voorheen werd aangenomen. Inderdaad, velen die aan Covid zijn overleden, hadden ook een immuunsysteem. De meeste experts zijn daarom van mening dat het het beste is dat iedereen minstens één keer per drie maanden wordt gevaccineerd.

Anti-Vax Bewering Nr. 6: Niet alle Covid-sterfgevallen worden veroorzaakt door Covid

Feitencontrole: Een veelvoorkomend idee dat door anti-vaxxers wordt verspreid, is dat de Covid-sterftecijfers overdreven zijn vanwege de manier waarop ze worden geteld. Iemand die puur aan kanker sterft, kan bijvoorbeeld worden geregistreerd als een Covid-sterfgeval, zelfs als die persoon in de voorgaande maand slechts een milde of asymptomatische Covid-infectie had. In dit soort gevallen, zo beweren anti-vaxxers, moeten sterfgevallen 'met Covid' worden onderscheiden van sterfgevallen 'door Covid'. Prof. Hubert Müzzleup van het Instituut voor Nul (zoals in *Absoluut* Nul) Covid Studies, heeft echter een andere mening: 'Dit is absoluut bizar. Neem zelfs een scenario waarin iemand sterft door van zijn fiets te vallen.... hoe weten we dat een door Covid veroorzaakte niesbui er niet toe heeft geleid dat hij de controle over het stuur verloor en daardoor een direct causale bijdrage heeft geleverd aan zijn overlijden? Covid is in staat tot allerlei dwaasheden en, op dit punt, is de wetenschap heel duidelijk, laat ik u dat zeggen."

Dus, daar heb je het, mensen, Oisíns gids voor feitencontrole. Het is echt een fluitje van een cent. Dus, de volgende keer dat je wordt geconfronteerd met de belachelijke dingen die de Covid-ontkenners bedenken, pas dan gewoon één van deze strategieën toe en je bent klaar om te gaan. Ze zullen sprakeloos achterblijven, dat kan ik je beloven!

Maar natuurlijk besef ik dat niet al mijn lezers doorsnee mensen zullen zijn (of doorsnee Brandon, wat dat betreft, niet dat *hij* op enigerlei wijze doorsnee is!). Ik twijfel er niet aan dat sommigen van jullie journalisten moeten zijn bij de meest prestigieuze kranten, zoals *The New York Times* of *The Washington Post* en, natuurlijk, weet ik zeker dat al mijn medewerkers bij *The Termonfeckin Tribune* (waarvan ik de redacteur ben) dit boek zullen lezen om ervoor te zorgen dat ze hun standaarden hoog houden. Daarom wilde ik ook een gids opnemen voor degenen onder mijn lezers die de publieke opinie op maatschappelijk niveau vormen... dit volgende gedeelte is voor jullie!

En dan nu mijn gids voor....

...Covid verslaan in de media

Oké, laten we ter zake komen. Hier volgt een lijst van zeven gouden regels voor het verslaan van de pandemie (natuurlijk is deze lijst niet uitputtend, in werkelijkheid zijn er honderden regels, maar om te voorkomen dat dit boek een machtig werk wordt, heb ik ze teruggebracht tot de meest essentiële).

Regel 1: Wanneer een regering een of meer beperkingen opheft, of zelfs maar suggereert deze op te heffen, wijs er dan op dat experts overal denken dat dit een *verschrikkelijk* idee is

Voorbeeld:

'Boris Johnson heeft plannen aangekondigd voor de 'Vrijheidsdag' van het VK, wanneer alle Covid-beperkingen zullen worden opgeheven, en het VK een nieuwe fase van 'leven met het virus' zal ingaan. Experts zijn echter (voeg één van de volgende in, afhankelijk van het gewenste effect) *adviseren / waarschuwen / smeken / op hun knieën smeken* de premier om deze koers niet te volgen. Een brief is ondertekend door *241 / 4.300 / 2,1 miljoen experts* die hebben voorspeld dat 'Vrijheidsdag' zal resulteren in *500.000 / 18 miljoen / iedereen in het VK en de hele wereld* die binnen enkele weken besmet raakt, samen met een *aanzienlijk / enorm / werkelijk bijbels* dodental. Dr. Smärtz Aleks, een van de medeondertekenaars van de brief, zei "Wat bedoelt hij met 'leven met het virus'? Het idee zelf is absurd. Je leeft niet met dit virus, je sterft er gewoon aan, en dat is het dan."

Regel 2: Wanneer een regering een of meer beperkingen opheft, of zelfs maar suggereert deze op te heffen, wijs er dan op dat gewone mensen overal *ook* denken dat dit een *verschrikkelijk* idee is

Voorbeeld:

'Boris Johnson heeft plannen aangekondigd voor de 'Vrijheidsdag' van het VK, wanneer alle Covid-beperkingen zullen worden opgeheven, en het VK een nieuwe fase van 'leven met het virus' zal ingaan. De reactie in de straten van Exmouth in Devon was echter één van bezorgdheid. Miriam, een gepensioneerde kapster, was minder dan blij met de aankondiging van de premier. 'Nou, ze kunnen net zo goed het leger sturen om ons allemaal te vermoorden en er een einde aan te maken!', zei ze. Deze mening werd herhaald door Tim, een plaatselijk raadslid: 'Maar we hebben onze zesde booster nog niet gehad. Hoe kan deze beslissing mogelijk veilig zijn? Het is waanzin!'

Regel 3: Wanneer anti-vaxxers op welke manier dan ook protesteren, zorg er dan voor dat je benadrukt hoe marginaal, samenzweerderig, vreemd, potentieel gevaarlijk, klein in aantal, volkomen egoïstisch en over het algemeen niet-representatief voor de mainstream ze zijn. In dit soort gevallen is het ook nuttig om ruim gebruik te maken van aanhalingstekens.

Voorbeeld:

'De invasie van Ottawa door vrachtwagenchauffeurs die campagne voeren voor 'vrijheid' heeft zijn 11e dag bereikt. In totaal waren er 12 vrachtwagenchauffeurs aanwezig. Een van hen, Margery, die paars haar had, een kat onder elke arm, en zwaaide met een spandoek met de woorden '5G is het vaccin!', zei 'Wij zijn gewoon vredelievende Canadezen die ons land terug willen!', voordat ze een revolver tevoorschijn haalde en enkele schoten afvuurde in de richting van overheidsgebouwen. De Canadese regering staat onder toenemende druk om daadkrachtig op te treden tegen het 'vrijheids'-konvooi, dat zegt ook campagne te voeren voor 'lichamelijke autonomie' en 'onvervreemdbare mensenrechten'. Het protest komt op een moment dat bijeenkomsten van meer dan 1 persoon nog steeds illegaal zijn en daarom een superspreader-evenement kunnen vormen dat uiteindelijk de vooruitgang zal bedreigen die de Canadese regering heeft geboekt in haar poging levens te redden.'

Regel 4: Publiceer nooit, maar dan ook nooit, een brief van een anti-vaxxer in je krant. Zodra je weet dat het er één is, lees de rest dan niet eens.... stop hem in plaats daarvan meteen in een aparte map met de titel 'gekken'.

Publiceer bijvoorbeeld *nooit* een brief die begint met zoiets als dit:

> 'Geachte heer,
>
> Wij, van het Centrum voor Burgerlijke Vrijheden, maken ons steeds meer zorgen over de intrekking van fundamentele rechten door de regering, zoals gewaarborgd door de Grondwet....'

Maar *publiceer* wel:

> 'Geachte heer,

Ik was geschokt toen ik laatst naar de kapper ging en hoorde dat mijn haar werd geknipt door iemand die ongevaccineerd is (en, erger nog, er trots op is!). Ik hield mijn mond dicht om te voorkomen dat ik haar druppeltjes inademde en zit momenteel in mijn auto buiten de dichtstbijzijnde Spoedeisende Hulp, zodat ik niet ver hoef te gaan als het moment daar is. Mijn kapster zou zich moeten schamen en ik vind dat zij, en haar soort, voor altijd opgesloten moeten worden in plaats van ons allemaal potentieel te vermoorden.

Met vriendelijke groet,

Maggie O'Muirahertaighach.

In haar auto buiten St. Jimmy's Ziekenhuis, Dublin.'

Regel 5: Wanneer je absoluut een anti-vaxxer *moet* interviewen in je radio- of tv-show, zorg er dan voor dat ze aan ten minste vijf van de volgende criteria voldoen:

1. Ze beoefenen een holistisch gezondheidsberoep, zoals aromatherapie of Reiki, en geloven dat dit kanker geneest

2. Ze zijn christen

3. Ze uiten de overtuiging dat de Amerikaanse verkiezingen zijn gestolen, dat de rellen op Capitol Hill zijn georganiseerd door Antifa en dat Trump gewoonweg geweldig is

4. Ze hebben een internetspoor naar marginale websites waarop ze steun hebben betuigd aan nazi-ideeën en -theorieën. Idealiter hebben ze een swastika getatoeëerd op een zichtbare plaats.

5. Ze geloven dat de wereld wordt bestuurd door een elitegroep, 'De Illuminati', die waarschijnlijk buitenaardsen zijn

Regel 6: Wanneer je iemand beschrijft die beweert een 'vaccinatieschade' te hebben opgelopen, maak dan ruim gebruik van aanhalingstekens. Zorg ervoor dat je een verklaring opneemt die aangeeft dat ze desondanks nog steeds blij zijn dat ze de prik hebben gehad (doe wat je moet doen om ze dit te laten zeggen).

Voorbeeld:

'Candy, een 26-jarige vrouw uit Dallas, 'beweert' het 'Guillain-Barré-syndroom' te hebben ontwikkeld, een 'zeldzame neurologische aandoening' na haar tweede vaccinatie. Ze gelooft dat haar symptomen onder meer 'bijna totale verlamming', 'ernstige spierzwakte' en 'moeite met slikken' omvatten. Ze zegt dat haar eerste reactie 'levensbedreigend' was en 'ziekenhuisopname voor 3 weken vereiste'. Desondanks is ze nog steeds verheugd dat ze het vaccin heeft gekregen. 'Wat doe je?! Nee, natuurlijk, natuurlijk! Ik ben zo blij dat ik het vaccin heb gekregen! Dolblij, zelfs! Ik bedoel, de Guillain-Barré-kant van de zaak, dat is echt totaal beheersbaar en, met omikron die elk moment kan komen, ben ik zo blij dat ik het ergste daarvan bespaard zal blijven.... kun je dat pistool nu wegleggen?'

Regel 7: Wanneer je incidenten van verhoogde overtollige niet-Covid-sterfte onder jongeren en middelbare leeftijd bespreekt, maak dan duidelijk dat deze niet kunnen worden toegeschreven aan het vaccinatieprogramma, maar aan vrijwel al het andere.

Voorbeelden:

'Experts waarschuwen dat een verhoogd aantal hartaanvallen onder mannen van middelbare leeftijd te wijten is aan verhoogde angst voor een hartaanval binnen die groep'

'Gebrek aan goede mondhygiëne waarschijnlijke oorzaak van verhoogde hartontstekingen onder jonge mannen, zegt expert (en wie zijn wij om hem te betwijfelen)'

'Vooraanstaand onderzoeker suggereert dat stijgend aantal beroertes kan worden toegeschreven aan toenemende huisdierallergieën'

Enzovoort.

OKÉ, dat was mijn gids voor het praten over Covid in de pers. Op een bepaalde manier weet ik niet waarom ik het heb geschreven. De media overal hebben immers al die tijd dit soort regels gevolgd. Maar wat ik wel weet, is dat we in een strijd van ideeën zitten en dat we allemaal ons steentje moeten bijdragen, of dat nu, aan het ene uiteinde van de schaal, betekent dat je iemand in een van je WhatsApp-groepen factcheckt, of, aan het andere uiteinde, een opiniestuk schrijft voor *The Guardian*. Inderdaad, als we door de geschiedenis heen kijken, is het altijd de kant die ernaar streeft om de domkoppen in de kamer te beletten hun standpunt te uiten, die uiteindelijk wint. En we moeten nu ook winnen, want, God helpe ons, mensen kunnen tegenwoordig echt dommer zijn dan ooit.

Kijk, ik zou het je niet kwalijk nemen als je een beetje moedeloos was na het lezen van dit hoofdstuk. Ik bedoel, is het niet deprimerend dat we mensen überhaupt moeten vertellen hoe ze moeten denken? Waarom zijn sommige mensen gewoon niet zo mentaal verbonden als de rest van ons? Dus, het is tijd voor echt goed nieuws op dit punt, nu we naar ons volgende hoofdstuk gaan. Inderdaad, gelukkig zijn de meeste regeringskabinetten over de hele wereld zeer goed geïnformeerd en hebben ze op de meest wetenschappelijke manieren mogelijk gereageerd op deze pandemie. Dus laten we onszelf nu trakteren op de crème de la crème van de afgelopen jaren en De Lockdown Hall of Fame!

Allereerst, het land van heiligen en geleerden, mijn eigen prachtige land, het Smaragdgroene Eiland....

5

HOOFDSTUK VIER: DE LOCKDOWN HALL OF FAME

Ierland: Een Modelcasestudy – Waarschijnlijk de Beste Lockdown ter Wereld!

Zoals elke trotse Ier weet, zijn wij Ieren overal de besten in — en onze aanpak van Covid-19 (of *de Covid*, zoals we het hier liefdevol noemen) vormt daarop geen uitzondering.

Halverwege de pandemie zag ik een video waarin de dappere leden van An Garda Síochána — onze nationale politie, voor lezers die nog niet het geluk hebben gehad de schoonheid van onze moedertaal te ervaren — een evangelische pastor in Dublin arresteerden tijdens een zondagsdienst. De man overtrad brutaalweg de toen geldende Covid-wetgeving die religieuze samenkomsten verbood, maar bleef maar doorpraten over zijn grondwettelijk recht om te aanbidden, of iets dergelijks geneuzel. Ongehoord. Gelukkig lieten de Gardaí zijn gedrag niet passeren: hup, de bus in en richting gevangenis. Wat dacht hij wel? Zeker, de dag ervoor waren er nog twee mensen gestorven aan Covid.

Toch durfden sommigen deze criminalisering van religieuze diensten te bekritiseren — en beweerden zelfs dat Ierland hiermee in de richting van landen als Saoedi-Arabië of Noord-Korea bewoog. Eerlijk: hoe racistisch wil je het hebben? In mijn ogen nam de regering hier een volkomen juiste beslissing. We weten allemaal dat religieuze types soms uit de hand lopen — springen, zingen, adem wolkend door de kerk. Het is slechts een kwestie van tijd voor een studie bevestigt dat kerkgangers virologisch gezien op z'n minst concurreren met bruiloften en vleesverwerkingsfabrieken. En laten we eerlijk zijn: wie kan uitsluiten dat één priester, één nies, één hostie op de tong niet een hele parochie richting intensive care stuurt? Nee — online aanbidding was onbetwistbaar de weg vooruit.

Vanaf het prille begin vervulde de Ierse respons mij met trots. Reeds in maart 2020 richtte de regering het National Public Health Emergency Team (NPHET) op — door iedereen uitgesproken als NEPHET, wat heerlijk oud-Egyptisch klinkt. Niet het acroniem dat ik persoonlijk had gekozen; ik geef de voorkeur aan iets dat zélf ook betekenis draagt, zoals SAGE in het VK — wijsheid in naam én natuur. Achteraf had iets als COMPLY misschien nóg beter gewerkt (Comité voor het Overzien van deze Monsterlijke Pandemie en de Leugens die Yobbos erover zullen verzinnen), maar goed, dat noteren we voor de volgende pandemie.

NPHET deed uitzonderlijk werk. Iedere regel was gebaseerd op het beste wetenschappelijke denken. Burgers mochten bijvoorbeeld het grootste deel van de pandemie slechts binnen 5 km van hun huis reizen, tenzij voor een essentieel doel. Domme mensen vroegen zich af waarom iemand die 9 km reed een gevaar zou vormen. Maar stel dat die persoon zijn autoraam even opendraait, opgaat in het uitzicht, spontaan U2's Beautiful Day begint te brullen — en één besmette druppel waait richting een oud dametje bij de bushalte? Dát is wetenschap, mensen. En daarom moeten we NPHET dankbaar zijn dat zij duidelijkheid brachten.

Deze regel gold voor iedereen, ook voor plattelandsbewoners die in hun onschuld dachten dat zij een uitzondering verdienden. "Maar er woont niemand in de buurt", riepen ze dan, "waarom mag ik niet naar het strand 8 km verderop?" Egoïsme, pure en simpele vorm. Voor zover we weten draagt Covid misschien wel via schapen of paarden over — wie durft het te ontkennen? Crazy Sheep Covid Syndrome (CSCS) is mogelijk slechts één mutatie verwijderd. Voorbereiding is sleutel.

Wat mij echter nóg trotser maakte dan de regering, was de rol van de Ierse media — met name RTÉ, onze nationale omroep. Hun berichtgeving was scherp, helder en meedogenloos beschermend. Ik herinner me dat ik op een ochtend tegen mijn vrouw zei:

"Liefje, zet alsjeblieft Covid Radio 1 op."

"Covid Radio 1, Oisín? Bedoel je RTÉ Radio 1?"

"Oh ja, natuurlijk. Dom van me."

Om het niveau te illustreren, hier een typisch fragment uit mijn geheugen:

> "Welkom bij het nieuws van 13.00 uur met Sharon Ní Baoldom.
>
> NPHET meldt een zorgwekkende stijging van Covidgevallen onder tieners: 55% van de 2.641 nieuwste besmettingen.
>
> We schakelen naar onze verslaggever, Cormac Scaoillmhóir."
>
> "Ja, Sharon. Ik sta hier bij Onze Lieve Vrouw van Verloren Zaken in Drimnagh. Drie van de 123 leerlingen testten recent positief. De school blijft daarom voor ten

minste drie maanden gesloten. Naast mij staat Séamus, een vriend van iemand met Covid."

"Séamus, hoe is het met Rory?"

"Nou, hij had een snotneus."

"En was het ernstig?"

"Helemaal vol snot."

"Dat klinkt zorgwekkend. Ouders maken zich terecht grote zorgen..."

Onverstoorbare journalistiek. Duidelijk. Onmisbaar.

Daarnaast toonde de regering moed met verplichte hotelquarantaine. Binnenkomende reizigers uit zorgvuldig geselecteerde landen moesten twee weken in een hotel buiten de luchthaven verblijven — op eigen kosten. En nee, niet Frankrijk of Duitsland, maar landen die minder voor de hand lagen: Angola, Rwanda, Colombia. Als experts besloten dat dáár het gevaar school, dan is dat wetenschap. Zelfs Monaco en San Marino stonden op de lijst. San Marino telt 33.000 inwoners, maar 25 gevallen per week kan snel uitgroeien tot 25 mensen die besluiten een weekendje Dublin te doen. Zulke voorzorg redt levens. En men vergeet niet snel dat San Marino ooit een doelpunt tegen ons maakte. Wraak is een koud gerecht.

Alles bij elkaar: Ierland deed het schitterend.

Toegegeven, er waren smetjes. Een zekere Ivor "look at the data" Cummins spuwde complottheorieën op YouTube. Ik had hem graag met een sliothar (een stok die wordt gebruikt bij een traditionele Ierse sport) gedebatteerd. En de extreemrechtse demonstraties in Dublin? Een schande. De Gardaí konden hen nog niet eens stevig aanpakken, want vaccinatie was nog niet begonnen. Onverantwoord, asociaal en kortzichtig gedrag.

Maar afgezien van wat rotte appels waren wij als natie

vooruitstrevend, wetenschappelijk, voorbeeldig. Ik moedig regeringen wereldwijd aan om onze aanpak te kopiëren — aantoonbaar de beste ter wereld.

Toch moet ik iets bekennen. Een klein deel van mij voelt een zweem van jaloezie wanneer ik kijk naar een nóg verhevener model: een ware Covid-Utopia. Zero Covid. Een strategie waarin niemand ooit ziek wordt, niemand sterft en absolute veiligheid heerst. Het principe is eenvoudig: niemand heeft ooit nog contact met iemand en iedereen wordt vier keer per jaar gevaccineerd. Geniaal. Failsafe. Slechts enkele dappere landen durfden het te proberen.

En één daarvan — onze volgende bestemming in de Lockdown Eregalerij — is...

Australië (hmmm, heeft de hele lockdown misschien toch iets beter gedaan dan wij)

Ik zal nooit de dag vergeten dat ik in The Oirish Times las over een bewaker in Perth die positief testte op Covid — waarna de hele stad van twee miljoen mensen onmiddellijk in lockdown ging. Vanaf dat moment was ik verkocht. "Dat ís pas een land dat Covid serieus neemt," dacht ik, en ik begon direct zoveel mogelijk onderzoek te doen naar de Australische aanpak. Wat ik vond, was niets minder dan een land van melk en honing — of beter gezegd: van vaccins en mondkapjes. De Aussies blonken werkelijk in alles uit, en om hun prestaties recht te doen zou eigenlijk een volledige scriptie nodig zijn. Daarom beperk ik mij hier tot hun vaccinatieprogramma — exemplarisch voor hun magnifieke, bijna poëtische volksgezondheidsethos.

Het Australische Vaccinatieprogramma

Ik vroeg mij vaak af hoe de Wallabies de vaccinatiekwestie zouden aanpakken. Zouden ongevaccineerden (terecht) worden verbannen van elk gezamenlijk didgeridoospel? Een paar maanden geleden zag ik een nieuwsitem uit The Land of Oz dat alles verhelderde:

> "Hoi Shane. Dit is Sheila en ik sta in de straten van Melbourne waar de nieuwste gezondheidswetten zojuist zijn ingegaan. Ongevaccineerden worden nog steeds de toegang tot de meeste binnenlocaties geweigerd, maar vanaf vandaag kunnen ze — als ze in het openbaar hoesten of niezen — worden gearresteerd en tot zes maanden worden vastgezet. Burgers worden aangemoedigd om te letten op tekenen van virale activiteit, zelfs subtiele signalen zoals een loopneus, en dit te melden bij de lokale politie. Ik word nu vergezeld door districtschef Mike Giblet. Mike, kunt u ons meer vertellen?"
>
> "Ja, Sheila. Vanaf dag één hebben we geleerd alert te zijn op symptomen bij onszelf en onze geliefden. Nu vragen we burgers die alertheid uit te breiden naar anderen. Als u iemand ziet hoesten of niezen — vooral als u sterk vermoedt dat ze ongevaccineerd zijn, bijvoorbeeld door vreemd gedrag of een aluminiumfoliehoed — bel dan onze speciale hulplijn RUD (Reporting Unvaccinated Dangers - 'Rapporteren Ongevaccineerde Gevaren') op 155. Wij handelen het verder af."
>
> "Dank u, Mike. Voor de balans spreken we nu met — *spuugt terzijde* — een ongevaccineerd persoon, Michelle. Michelle staat aan de andere kant van het plein om ons

veilig te houden. Michelle, bent u niet gewoon... afgrijselijk?"

"Nee. Ik oefen mijn lichamelijke autonomie uit en heb besloten, gezien een geschiedenis van anafylactische reacties op vaccins—"

"Anafylaxie? Daar helpt een EpiPen toch prima tegen? Hoe durft u zo egoïstisch te zijn?"

"Nou, zulke reacties kunnen fataal zijn en—"

"Covid ook hoor."

"Ja maar... *hoest* sorry, iets in mijn keel—"

"Wat was dat? Hoestte u?!"

"Ja, maar— hé, wat doet u?! Laat me—"

"We zien live hoe één van de eerste arrestaties onder deze nieuwe wet wordt uitgevoerd. Michelle wordt omsingeld door vier agenten, drievoudig gemaskerd en met gezichtsvizieren. Een helikopter cirkelt boven ons — iedereen wordt verzocht uiteen te gaan. Michelle is nu geslagen, getaserd, besproeid met desinfectiemiddel en in virusbestendig plastic gewikkeld. Ze wordt zo te zien vervoerd naar het dichtstbijzijnde Covid-kamp. Indrukwekkende efficiëntie, Shane. Terug naar jou in de studio."

Na het zien van dit fragment voelde ik niets dan bewondering. Ik onderzocht onmiddellijk hoe ik kon emigreren (niet dat de Ierse aanpak niet magnifiek was, maar Australië heeft een soort pure Covid-deugdelijkheid die diep in mij resoneert). Helaas laat men momenteel niemand binnen, maar zodra dat verandert, mag u erop rekenen dat Prof. Oisín zich bij élke Australische universiteit aanbiedt. (Ik zou graag onderzoek doen naar de optimale vorm van quarantainekampen; als u rector bent — neem contact op.)

Australisch Covid-grensbeleid

De Aussies hanteren ook de juiste aanpak wat betreft het weren van volksgezondheidsvijanden nummer één: de ongevaccineerden. Neem het geval van Novak Djokovic — of beter: NoVAX Djokovic. Sommigen noemen hem zelfs NoVAX (wat een totale) JOKE-avic.

Wat ik vooral bewonder, is hoe Australië de volksveiligheid boven alles stelde. Ondanks dat NoVAX een medische vrijstelling had én toestemming om te spelen, werd hij bij aankomst toch vastgezet in een quarantainehotel. Toen hij naar de rechter stapte en won, zette men hem alsnog het land uit — op grond van "risico voor publieke orde en gezondheid". Dát is leiderschap.

Ze hadden gelijk. Want stel dat één ongevaccineerd speekseldruppeltje een tennisbal raakt, die vervolgens tijdens de opslag richting de tegenstander vliegt, die door morele walging mist, waarna de bal een oudere dame in het publiek raakt, die drie dagen later overlijdt omdat zijn speeksel Covid bevatte? Plausibel. Catastrofaal. Voorkomen door één daad van Australische genialiteit.

En het volk steunde dit. Een Australische jongen van twaalf werd geïnterviewd en zei: "Als hij blijft, kijk ik niet naar hem — hij is niet gevaccineerd." Mooier wordt burgerschapseducatie niet.

Dit is hoe moderne utopie eruitziet. Een natie van Tovenaars van Oz.

En tegen critici die beweren dat Australiës succes komt door zijn geïsoleerde ligging: hebben niet álle landen grenzen? Kan men daar geen leger plaatsen dat inkomende passagiers naar staatskampen begeleidt? Muren bouwen? Hebben we dat niet eerder gezien in de geschiedenis? Dit is simpel. Doe het gewoon. Iedereen met een loopneus is potentieel moordenaar. Buiten houden. Veilig blijven.

Hoe jammer dat Ierland deze aanpak niet volledig overnam (al pleitte ik er natuurlijk wél voor in de media). Maar men kan, zoals in Ierland of in ons volgende Hall of Fame-land, nog steeds schitteren zonder Zero Covid.

En dus wenden wij ons nu tot Canada — een natie die misschien wel iets heeft bereikt waar ik toch weer een beetje jaloers op ben...

Canada (opnieuw een land dat me een beetje ongemakkelijk maakt over onze eigen Covid-prestaties)

De Canadezen zijn altijd een heerlijk liberaal volk geweest, zo anders dan hun buren in het zuiden. Ik was dus nauwelijks verrast toen ze het hele land in lockdown plaatsten en iedereen gelastten binnen te blijven. Het volgen van updates uit dat prachtige land is voor mij een bron geweest van bijna constante vreugde. Natuurlijk was niet alles perfect. Die randgroep vrachtwagenchauffeurs, ogenschijnlijk rechtstreeks geadopteerd uit Texas, waren ronduit grotesk — maar daar komen we nog op terug.

Het succes van de Canadese aanpak kan misschien het best worden geïllustreerd door een transcript van een tv-programma waarin twee Canadese kinderen werden geïnterviewd over hun visie op vaccinatie. De uitwisseling was ontzagwekkend. Wat een briljante generatie wordt daar grootgebracht. Laat u inspireren — dit is hoe maatschappelijke eensgezindheid eruitziet wanneer de boodschap van een regering perfect landt.

'Presentator: Zijn jullie allebei gevaccineerd?

Jong meisje: Ja, we hebben twee doses gehad, maar we kijken ernaar uit om er meer te krijgen. Ik heb om Pfizer gevraagd voor mijn verjaardag, maar George wil een BioNTech.

Jonge jongen: Ja! Die klinkt zooooo cool.

Presentator: Zijn jullie voor verplichte vaccinatie?

Beide kinderen: Oh, helemaal.

Presentator: Wat moeten we doen met mensen die het vaccin niet willen?

Jonge jongen: We moeten de politie bellen!

Jong meisje: Of het leger misschien. Sommige van die mensen zijn extremisten.

Presentator: En voor jullie leeftijd? Moeten we ook dan de politie bellen?

Jonge jongen: Zeker! Lucas plaagt mij altijd en hij is niet gevaccineerd. Ik zou willen dat hij werd opgesloten.

Presentator: En hoe zorgen we dat mensen het vaccin nemen?

Jonge jongen: We moeten het er gewoon in prikken.

Jong meisje: Nee, nog niet. Wat de regering doet is perfect. Gewoon beetje bij beetje dingen afnemen totdat ze zich onderwerpen en gevaccineerd worden.

Presentator: Waarom willen sommige mensen het vaccin niet?

Beide kinderen: Omdat ze racistisch zijn!

Presentator: Het lijkt erop dat we toekomstige politici aan tafel hebben. Applaus alstublieft!

Het publiek juicht en staat op.'

Wanneer je dit gelezen hebt, moet ik mij afvragen: wat valt er nog toe te voegen over de Canadese aanpak? Hun pandemiecommunicatie was zó effectief dat zelfs kinderen alle belangrijke punten konden reproduceren — inclusief strategie, escalatie, handhaving en morele superioriteit. Dat is pas volksgezondheid.

Toch moet ik eerlijk zijn: een klein stukje van mij voelt, ondanks onze magnifieke Ierse aanpak, een vleugje jaloezie. Waarom zag ik dit soort schitterende kindinterviews nooit op The Late Late Show? Waarom schreef niemand een kerstlied over boosters? Tubridy had tijdens de Toy Show toch makkelijk kunnen zingen:

"Je kunt maar beter lief zijn, minstens twee keer geprikt,

want de Kerstman weet het — en hij vaccineert je verplicht."

Ik denk dat ik RTÉ later moet bellen.

Tot nu toe hebben we de uitmuntendheid van Ierland, Australië en Canada bewonderd. Maar als ik écht eerlijk ben — er is één natie die hen allemaal overtreft. Eén land dat niet alleen sprak, maar handelde. Eén land waarvan ik wenste dat wij de moed hadden gehad hen te imiteren. Hun voorbeeld blijft voor leiders wereldwijd klaarstaan voor de volgende pandemie.

En dus richten wij onze aandacht nu op...

Oostenrijk (oké, ik moet toegeven dat deze mensen het echt het beste hebben gedaan)

Als er één land is dat de kroon verdient voor Covid-beleid, dan zijn het onze Oostenrijkse broeders en zusters. Ik was hoofdredacteur van een speciale bijlage in The Oirish Times die — naar mijn bescheiden mening — alles zegt wat je moet weten. Dus neem een kop thee en geniet van deze herinnering aan pure beleidsperfectie.

'ZO MOET HET!

In deze speciale Oirish Times-bijlage, waarin wereldwijde Covid-responsen worden besproken, spreekt huisexpert Prof. Oisín MacAmadáin zijn enthousiasme uit over Oostenrijks nieuwe Covid-maatregelen. De regering heeft zojuist verplichte vaccinatie ingevoerd met boetes tot €7.200 en gevangenisstraffen voor weigeraars. Moet Ierland dit voorbeeld volgen? Lees en oordeel zelf!

Publieke reactie "uitbundig" — "grenzend aan euforisch"

In Wenen heerste feeststemming. "Ik kan me niet herinneren wanneer ik voor het laatst zó blij was! Eindelijk kan ik weer veilig dronken worden met gevaccineerde vrienden — we zijn bevrijd van deze delinquenten!" riep Kirsten, een basisschoollerares. Kaspar, accountant, nuanceerde licht: "Ik ben voor, maar eerlijk gezegd heb ik medelijden met de andere gevangenen. Zelfs moordenaars verdienen beter dan opgesloten te zitten met deze mensen. Misschien moeten we aparte kampen maken."

"Ja, een kamp!" riep een feestganger. "Speciaal kamp voor ongevaccineerden! Hoera!" Nachtelijke feesten volgden. En hoewel er meldingen waren van openbaar niezen, bevestigde de politie dat geen onderzoek nodig was: experts menen dat gevaccineerd niezen gezondheidsbevorderend kan zijn.

Hoogleraar ethiek noemt besluit "buitengewoon moreel" — "Aristoteles-waardig"

Prof. Ann Schlüss (Universiteit Salzburg) verklaarde dat de maatregel "aan alle ethische standaarden voldoet, zelfs die van Kant — en dat zegt wat." Zij organiseert binnenkort een symposium waarvan de papers verschijnen in haar boek *De Prik als Moreel Goed: Hedendaags Oostenrijks Volksgezondheidsbeleid Geworteld in de Deugdethiek-Traditie* — verkrijgbaar voor slechts €139,99.

Anti-vaxxer roept vanaf balkon dat hij "liefst levenslang binnen blijft"

Markus Nütterjob, lid van de 'Impfung Macht Frei!'-beweging, schreeuwde via megafoon slogans over vrijheid.

De politie onderzoekt klachten van omwonenden die stellen dat het balkon-uitzonderingsgat gedicht moet worden.

Opinie: Historische verschuiving richting progressieve politiek

Waar Oostenrijk voorheen kampte met verrechtsing, richt men discriminatie nu eindelijk op een meer maatschappelijk verantwoorde groep: de ongevaccineerden. "Het is een opluchting," aldus Labour-politicus Hermann Hündbisket. "Geen vooroordelen meer — iedereen wordt gelijk behandeld. Door iedereen die afwijkt te isoleren." President Macron belde persoonlijk om te feliciteren en moedigde Oostenrijk aan "zoveel mogelijk van die klootzakken te blijven *emmerder-en*".

Radio-beller uit Cork: "Dit hebben wij ook nodig!"

Joe Duffers' telefoonlijnen ontploften. Trisha uit Cork zei: "Briljant. We zijn hier te soft — een paar weken cel zal de mouwen wel omhoog krijgen." Een Oirish Times-peiling toont dat 82% gevangenisstraf voor weigeraars zou steunen; 13% twijfelt; de resterende 5% is overgedragen aan de Gardaí. Taoiseach Micheál Martin hintte al dat verplichte vaccinatie "een logische volgende stap" is.'

Conclusie & Eervolle Vermeldingen

Dat waren mijn toppers in pandemisch beleid. Maar wees niet ontmoedigd als je land niet in de Hall of Fame staat. De meeste landen deden het eigenlijk behoorlijk goed. Denk aan Panama, waar mannen en vrouwen op verschillende dagen naar buiten mochten, of aan Peru, waar soldaten op straat patrouilleerden en hun geweren richtten op iedereen die het waagde naar de voordeur te lopen. En wat te zeggen van Nieuw-Zeeland en haar magnifieke Jacinda Ardern? Toen drie mensen Covid kregen in Auckland, ging de stad van 1,6 miljoen in lockdown — en zelfs bij meer dan 90% vaccinatie was quarantaine voor nauwe contacten 24 dagen. Dat is toewijding.

Maar er waren ook plaatsen waar de waanzin ongeremd tierde. Landen die je liever mijdt. Landen waarvan mensen — helaas — geen schuld hebben aan hun geboorteplaats. Toch moeten ze genoemd worden, want dit boek is verplicht tot waarheid, objectiviteit en het blootleggen van dwaasheid waar die wordt gevonden.

En dus openen we nu met pijn, schaamte en journalistieke plicht...

De Lockdown Hall of Shame

6

HOOFDSTUK VIJF: DE LOCKDOWN HALL OF SHAME

Zweden (of: Het Trieste Verhaal van Hoe een Liberale Utopie een Extreemrechtse Nachtmerrie Werd)

Oh God, Zweden. Als ik een euro kreeg voor iedere keer dat iemand met het "Zweden heeft het prima gedaan!"-verhaal begon, dan zat ik nu champagne te drinken op een jacht met Klaus en de rest van de Davos-bemanning. Maar goed, laten we eens naar de feiten kijken.

Per 20 juli 2022 stond Zweden op plaats 55 wereldwijd in Covid-sterfte per hoofd van de bevolking. Ja, 55. Verschrikkelijk... nou ja... eigenlijk niet dramatisch... maar nee, nee, het punt is: ze deden het slechter dan Finland en Noorwegen! Dus dat! Want natuurlijk zijn *die* landen de enige relevante vergelijking — kijk vooral nergens anders naar.

Ook moet je voorzichtig zijn met een land vol mensen dat niet van angst houdt. En Zweden is nu eenmaal een natie van risico-minnende adrenalinejunkies die op ski's worden geboren, elanden knuffelen en, zo lijkt het, weigeren om van nature te panikeren. Al vroeg voorspelde Imperial College immers rond de 90.000 Zweedse doden tegen juni 2020. Negentig-duizend! Iedereen met een greintje gezond verstand zou dan toch in volledige paniek vervallen. Maar nee — de Zweden besloten "rustig door te gaan", maskers nauwelijks te gebruiken en te vertrouwen op gezond verstand. Alsof dat ooit ergens werkt.

En ja, oké, het werden geen 90.000 doden maar iets boven de 2.000. Dus hadden ze geluk. Veel geluk. Maar het punt blijft staan: *wat als*? We moeten toch gericht zijn op het worstcasescenario. Zelfs wanneer het niet gebeurt.

Toen Neil Ferguson, de man achter die modellen, later beweerde dat Zweden "vrijwel hetzelfde resultaat als een lockdown bereikte" kon ik alleen maar denken dat therapie misschien geen slecht idee voor hem was. Vertrouw op je modellen, man!

Maar zelfs als iemand durft te suggereren dat Zweden *misschien* niet volledig ten onder ging, moet ik dit zeggen: je mag realiteit nooit zomaar accepteren. Kijk naar Zweden. Een land van uitgestrekte bossen, ijskoude meren en elanden die waarschijnlijk meer sociaal afstand houden dan de bevolking. Zweden is anders. Dat moeten we altijd blijven herhalen.

Om mijn punt te illustreren volgt hieronder een fragment uit een WhatsApp-gesprek met mijn dierbare vriendin Saga Loren in Stockholm, vlak aan het begin van alles. Zij was de eerste die me waarschuwde voor de verschrikkingen die zich daar afspeelden.

'Oisín: Hé Saga, hoe gaat het met mijn gefermenteerde-vis-etende vriendin?

Saga: Oh Oisín, ik ben zóóó depressief. Alles is een totale ramp.

Oisín: Ja, de Covid is een beest. Hier ook hoor.

Saga: Nee, Oisín, ik bedoel — er is hier géén lockdown.

Oisín: WAT?!!!!!! Ik geloof het niet!

Saga: Mensen leven alsof alles normaal is. Terrassen open, cafés vol, niemand draagt maskers…

Oisín: Mijn God! Dit moet psychisch slopend zijn!

Saga: Het is ondraaglijk. Overal gezichten. Mensen glimlachen zelfs.

Oisín: Als je naar Ierland komt word je misschien gearresteerd als biohazard, dus blijf maar daar.

Saga: Natuurlijk. Ik blijf braaf binnen. In tegenstelling tot mijn grootmoeder…

Oisín: Wat deed ze?!!!

Saga: Ze gaat naar haar middag-Fika. Ze zegt dat het haar leven is.

Oisín: In Ierland zou ze preventief worden afgevoerd — verantwoord beleid!

Saga: Hier kijkt niemand op of om. Geen politie, geen boetes.

Oisín: Hersenspoeling. Propaganda.

Saga: Ja. We worden geleid door Anders Tegnell — lockdowns zouden zogezegd méér kwaad dan goed doen…

Oisín: Die man is krankzinnig!

Saga: Ik blijf gewoon binnen. Voor altijd als het moet. Met masker.'

Ik hield contact met Saga. Het bleef zwaar, maar uiteindelijk kon ze emigreren — ze woont nu in het prachtige Termonfeckin. Ik zie haar nooit, want ze gaat haar flat niet uit, maar ze zegt gelukkiger te zijn dan ooit. Zweden verloor haar, ons voordeel.

Het is pijnlijk om te zien hoe een ooit liberaal paradijs afglijdt in rechtse losbandigheid, maar ons volgende land in de Hall of Shame heeft nooit die illusie gehad. Daar liep een zekere Loekasjenko al decennia rond, zwaaiend met dictaten als confetti. Perfect materiaal om het niveau van globale waanzin echt te begrijpen.

En dus richten wij onze blik nu op...

Wit-Rusland (of: Het Land Waar Men Denkt Dat Wodka Covid Geneest)

Wat deed president Loekasjenko toen Covid dichterbij kwam? Hoe beschermde hij zijn volk?

Hij zei dat ze wodka moesten drinken.

Zijn letterlijke advies: *"Ik drink niet, maar ik zeg de mensen dat ze hun handen moeten wassen met wodka en het virus ermee moeten vergiftigen. Je moet dagelijks 40–50 ml sterke drank nemen. Maar niet op het werk."*

Goede hemel. Met dergelijke volksgezondheidsmaatregelen zou je bijna denken dat hij de rest van de wereld lichtelijk hysterisch vond. En dat was exact wat hij suggereerde toen hij Covid omschreef als *"een maatschappelijke psychose"* en eraan toevoegde dat hij "al vele psychoses met zijn volk had doorstaan".

Oh, dus meneer *Gewoon-een-Borrel-en-Alles-komt-Goed* vindt dat wij psychotisch zijn?

Begrijpt hij niet dat dit de ernstigste crisis is sinds *ooit*? Dat de mensheid bedreigd werd, dat kinderen angstig moeten opgroeien, dat scholen vol maskers horen te zijn, dat oma's niet zonder toestemming naar buiten mogen, en dat elk hoestje mogelijk een massamoord is? En wil hij écht beweren dat het psychotisch is dit serieus te nemen? De man moet opgenomen worden — nuchter het liefst.

Alsof Wit-Rusland nog niet genoeg alcoholproblemen had zonder staatsgesanctioneerd shotje per dag.

Loekasjenko is bovendien niet vies van grootse uitspraken. Zo zei hij: *"Het is beter om op onze voeten te sterven dan op onze knieën te leven."*

Wat is dat voor voorbeeld voor een land? Hij lijkt te suggereren dat risico bij het leven hoort. Carpe diem. Vrijheid. Bah. Het enige correcte standpunt is dat risico moet worden **uitgeroeid**. We leven om te ontsmetten, niet om te leven! En aan iemand die zich op zijn voeten wil houden zeg ik: sommige mensen hebben eeltknobbels en kunnen helemaal niet lang staan. Denk dáár eens aan.

In donkere uren van de pandemie moest ik vaak denken aan de Tweede Wereldoorlog — de helden die vochten zodat wij vandaag veilig afhaal-Indisch kunnen eten en Netflix kunnen bingen. Dit zijn verworvenheden van de beschaving. En wat doet Loekasjenko? Hij organiseert, midden in de pandemie, de Overwinningsdagparade — 9 mei — met 20.000 soldaten en toeschouwers. Hij rechtvaardigde dit met: *"De ogen van de gevallen soldaten kijken naar ons..."*

Ja, en zagen die ogen vervolgens duizenden mensen hoesten, niezen en omvallen?

Want dat lijkt me waarschijnlijker. En denkt hij niet dat diezelfde soldaten liever in een wereld hadden geleefd waarin ze via Deliveroo kipnuggets konden bestellen? Welke vooruitgangswaarde bezit deze man precies?

Dan de cijfers. Officieel rapporteerde Wit-Rusland per 25 maart 2022 in totaal 6.759 Covid-doden.

In Ierland — half zoveel inwoners — zaten we rond de 6.693 overlijdens, ondanks onze voorbeeldige lockdowns. Wie gelooft die Wit-Russische cijfers? De telling is waarschijnlijk gedaan door ambtenaren die te dronken waren om recht te lopen, laat staan sterfte-registratie uit te voeren.

Hoe dan ook, genoeg wodka-epidemiologie. Ons volgende land deed het óók beroerd, niet vanuit demonische intentie — eerder uit luiheid, nalatigheid en een soort *ach-het-zal-wel-mentaliteit.*

En dus gaan we nu verder met...

Mexico (of: 'Hasta Mañana, Señor Covid?')

Hoewel Zweden en Wit-Rusland ronduit catastrofaal waren, is niet elk land in de Hall of Shame een totaal fiasco. Sommigen waren simpelweg *redelijk slecht* — en Mexico valt precies in die categorie. Om te laten zien wat ik bedoel, volgt hier een transcript van mijn interview met een Mexicaans parlementslid, ongeveer halverwege de pandemie. Je zult zien wat ik bedoel.

Transcript

Ik: Meneer Manuel Tamales, u bent...

MT: Mijn naam is Manuel Tamaron, eigenlijk.

Ik: Meneer Tamales, u noemt uzelf politicus, een vertegenwoordiger van het volk — en toch, is het niet eerlijk om te zeggen dat terwijl Rome brandde, u vooral druk was met... u weet wel?

MT: Ik weet niet zeker wat u bedoelt, señor.

Ik: Ik heb het over deze dodelijke ziekte, dit virus dat uw land overspoelt. Wat heeft u gedaan? Geen permanente lockdown? Mensen mogen werken? Toeristen toelaten zonder negatieve test — zelfs ongevaccineerde toeristen? En uw president zei dat corona *geen* plaag is?

MT: Ah, ik begrijp het. We gaven advies, hygiëne, afstand houden, en we hanteren een verkeerslichtsysteem: waar infecties hoger zijn, nemen we strengere maatregelen. Het heeft weinig zin iedereen altijd op te sluiten; mensen moeten nu eenmaal werken om te overleven en...

Ik: Werken? Wát? U kunt mensen niet simpelweg betalen om thuis te blijven zodat iedereen veilig is? Wij deden dat hier — Pandemic Unemployment Payment (pandemische werkloosheidsuitkering), PUP. Ze slikten het als melk van hun moeder.

MT: Señor, wij kunnen niet het hele land betalen om niets te doen. Dan zijn we binnen korte tijd failliet. Zelfs een rijk land zou zo'n absurd beleid toch niet invoeren?

Ik: Het is een essentieel onderdeel van de strategie, meneer Tabasco. Of denkt u dat u te heet bent om te hanteren? Ha-ha.

MT: Wat?

Ik: En uw dodental! 206.146 op 9 april 2021 — het veertiende hoogste ter wereld!

MT: Ja señor, maar we zijn met 126 miljoen mensen. Per hoofd van de bevolking zitten we dichtbij landen als Frankrijk, het VK, Polen — en dat brandhaardland waarvoor u recent quarantaine invoerde, Andorra.

Ik: Cijfers en statistieken, altijd hetzelfde liedje. Wat ik wil weten: heeft u politie op straat die groepen mensen arresteert? Doen ze tenminste hun plicht?

MT: Señor, vanochtend nog werd een hele familie ontvoerd door een kartel. Gisteren vijf burgers vermoord om onbetaalde bescherming. Onze politie is bezig met echte problemen. Het moet geen misdaad zijn om elkaar te zien. Uw politie heeft blijkbaar weinig anders te doen — dat is een luxe. Wij doen wat we kunnen. Het leven is niet perfect. Goedendag.

Nou, nou, nou — meneer Tortilla kreeg daar toch mooi zijn plaats gewezen.

Maar goed, je kunt zeggen dat Mexico tenminste *iets* deed. Alleen, *iets* is tijdens een pandemie gewoon niet genoeg. Het is alles of niets. Mexico illustreert dus het probleem dat we bij veel ontwikkelingslanden zagen: een schrijnend gebrek aan prioriteiten. Waarom nemen zulke landen Covid niet semplicemente bloedserieus, zoals wij beschaafde volkeren dat deden?

En niet alle teleurstellende pandemische prestaties komen door beleid; soms ligt het aan de bevolking zelf. Vooral in Oost-Europa ging het mis. Regeringen riepen lockdowns uit, spoorden mensen aan tot viervoudige vaccinatie, en toch — niets. De bevolking wilde er niet aan. Waarom? Omdat Covid-maatregelen hen deden denken aan hun communistische verleden.

Een merkwaardige conclusie. Onder het communisme waren protesten verboden, meningsverschillen bestraft, politie controleerde je bewegingen, je kon je baan verliezen om een verkeerde mening en de media droegen uitsluitend de staatslijn uit.

Hoe iemand dàt kan vergelijken met Frankrijk, de VS, Australië of Ierland van vandaag — complete waanzin.

Er zijn veel van zulke voormalige Sovjet-landen, en het zou te saai zijn ze allemaal te behandelen. Laten we in plaats daarvan één voorbeeld nemen. Een representatief monster. En zo richten we onze ogen nu op...

Roemenië (of 'Oisín's Oprechte en Hartelijke Advies aan de Roemeense Regering')

Elke ochtend gaan de vrouw en ik met onze thee zitten om The Oirish Times te lezen. We lezen om beurten elk artikel aan elkaar voor en, man, wat hangen we aan elk woord. Het hele gebeuren is eerlijk gezegd een soort religieus ritueel geworden en kost ons een paar goede uren. Hoe dan ook, gisterochtend waren we allebei erg bezorgd toen we het volgende artikel in de Ierse nieuwssectie zagen:

> **"Vaccinatie-aversie in Ierland het hoogst onder Oost-Europeanen**
>
> Een nieuwe studie suggereert dat de hoogste niveaus van vaccinatie-aversie te vinden zijn onder de Oost-Europese gemeenschappen en in het bijzonder de Bulgaarse en Roemeense gemeenschappen. Vanwege een geschiedenis van overheidsrepressie zijn velen binnen deze groepen wantrouwig tegenover overheidsgezag en zijn complottheorieën gebruikelijk. Bovendien hebben Roemenië en Bulgarije de laagste Covid-vaccinatiegraad in de Europese Unie en..."

"Mijn God," zei ik. "Komt Elena niet uit een van dat soort landen, liefste?"

"Nou ja, ik denk het wel. Is ze niet Roemeens?"

We keken elkaar allebei aan, geschokt door het besef dat onze wekelijkse schoonmaakster hoogstwaarschijnlijk van mening was dat Bill Gates de wereld wilde regeren en, erger nog, dat ze waarschijnlijk ongevaccineerd was.

Tegelijkertijd zeiden we allebei: "We kunnen geen ongevaccineerde druppeltjes in huis hebben."

"Maar hoe kunnen we haar vragen of overtuigen om het vaccin te nemen als ze dat niet heeft gedaan?"

"Ik zal op de een of andere manier de juiste woorden moeten vinden... wanneer komt ze de volgende keer? Oh nee, het is vandaag, nietwaar? Ja, het is vandaag en het is bijna tijd!"

"Goedemorgen meneer & mevrouw MacAmadáins!" riep Elena vanuit de gang.

Mijn vrouw vluchtte via een ladder naar de veiligheid van de zolder, terwijl ik mezelf positioneerde in wat ik, gezien de omstandigheden, mijn meest strategische positie vond.

"Gaat het goed, meneer MacAmadáin?" Elena's uitdrukking was enigszins vragend toen ze mijn voeten onder de keukentafel zag.

"Oh, ja, prima, prima. Het is een mooie plek hier. Ik ben, ehm, hier beneden mijn onderzoek gaan doen. Het is een verrassend goede plek om dingen te overdenken."

"Ah ja, meneer MacAmadáin. Zal ik dan in de keuken beginnen?"

"Oké, ja, we moeten immers ergens over praten."

Als ik ooit een fout zou moeten toegeven, dan zou het zijn dat ik soms niet helemaal de juiste woorden vind voor dit soort gelegenheden. Inderdaad, wat er daarna gebeurde was allemaal een beetje een wervelwind. Wat ik me wel herinner, is dat de gemoederen behoorlijk verhit raakten toen ik, volkomen onschuldig, suggereerde dat de meerderheid van de Roemenen duidelijk leed aan een soort paranoïde mentale ziekte en ook dat Elena's laatste woorden toen ze de voordeur dichtsloeg waren:

"Denk je dat dit niet is zoals wat we onder Ceauşescu hebben meegemaakt?! Laat me je vertellen, Ceauşescu draait zich om in zijn **fking graf dat hij hier niet aan heeft**

gedacht! Wat een genie om iedereen te controleren met de fking griep! Ja, ik neem een vaccin en ik steek het in je f**king reet!"

Kortom, het ging echt niet zo goed, maar we hoeven ons tenminste geen zorgen meer te maken over de waarschijnlijk desastreuze gevolgen van ongevaccineerde handen die ons Waterford Crystal schoonmaken.

Nadat het incident voorbij was en alle gebroken borden en mokken waren opgeraapt en de woonkamer was ontsmet, ging ik zitten om naar de Roemeense ambassade te schrijven. Ik dacht bij mezelf, ik kan Elena misschien niet overtuigen in een één-op-één gesprek, maar misschien kan ik mijn expertise inzetten om de Roemeense regering zelf te overtuigen deze hele situatie beter aan te pakken. Mijn brief luidde:

"**Aan wie het aangaat,**

Ik schrijf u om u mijn advies aan te bieden met betrekking tot de lage vaccinatiegraad tegen Covid in uw prachtige land, waarvan ik een fervent fan ben sinds ik Borat zag.

Na de zaak uitvoerig te hebben overwogen, geloof ik dat de beste vaccinatiestrategie die u kunt toepassen, is om gebruik te maken van uw traditionele folkloristische mythen. Wat dacht u van een vaccinatiecampagne die draait om afbeeldingen van Dracula? Met de tekst: 'Slechts één beet en je bent immuun!' Natuurlijk zou u waarschijnlijk moeten zorgen dat sommige van de oorspronkelijke connotaties binnen het Dracula-verhaal, zoals het idee dat hij slachtoffers had die hij vermoordde, worden afgezwakt.

Ik laat deze zaak aan uw aandacht over, maar laat het me alstublieft weten als ik u verder van dienst kan zijn.

Met vriendelijke groet,

Prof. Oisín MacAmadáin"

Ik heb nog geen antwoord ontvangen, hoewel ik er geen twijfel over heb dat mijn brief op dit moment door het Roemeense kabinet wordt overwogen.

Nu, hoewel je kunt verwachten dat sommige plaatsen in de wereld niet helemaal aan de maat zijn in hun Covid-reacties (niet dat je in dit opzicht enige tolerantie moet tonen natuurlijk), zijn er sommige plaatsen waar je dit simpelweg nooit voor mogelijk zou houden. En zo'n plek is het Land van Vooruitgang, Wetenschappelijk Denken en al dat soort dingen. Maar zelfs in de VS is niet alles overal goed gegaan in de tijden van Covid, zoals ik tot mijn schade zou leren...

Florida (of 'Het Verhaal van Oisín's Nachtmerrievakantie')

Al vele jaren trekken de vrouw en ik elke winter naar het zonnige Orlando om de Ierse winterkou te ontvluchten. Dit werd opgeschort door de verwoestingen van de pandemie, maar zodra we beiden volledig waren gevaccineerd en weer de VS in mochten, dachten we "waarom niet?" tegen onszelf en zo gingen we op pad. Geen probleem met een vakantie in de zon, zolang iedereen om je heen drievoudig gevaccineerd is, gemaskerd en goed afstand houdt, toch?

In het vliegtuig zaten we aan de overkant van het gangpad van een dame uit Florida, Martha. Ze was aardig genoeg en kletste vriendelijk weg. Ik vroeg of we konden uitkijken naar mooie en strenge beperkingen, misschien een avondklok, of naar het spotten van ongevaccineerde mensen die op straat werden opgepakt, je weet wel, het soort dingen dat waarde toevoegt aan elke vakantie, en wat ze vervolgens zei, maakte ons allebei doodsbleek:

"Oh, we hebben geen beperkingen in Florida. We hebben er zelfs al meer dan 18 maanden geen gehad."

Ik draaide me om naar mijn vrouw, mijn benen plotseling als gelei en zichtbaar trillend. "Hoe zal ik overleven, hoe zal ik overleven?", mompelde ik, als in trance. Terwijl mijn lieve vrouw me probeerde te troosten, kwam een stewardess vragen of het goed met me ging.

"U moet het vliegtuig omdraaien," zei ik tegen haar.

De stewardess keek me vreemd aan.

"Dat kunnen we echt niet doen, meneer,"

voordat ze zich tot mijn vrouw wendde,

"Is uw man een nerveuze vlieger, mevrouw?"

"Nee, hij is gewoon nerveus om naar Florida te gaan...."

antwoordde mijn vrouw.

"Nou, hij had moeten weten waar hij heen ging voordat hij een ticket boekte,"

en weg was ze, zonder ook maar een gedachte te besteden aan de bijna stuiptrekkingen die ik op dat moment had.

Ik ben geen drinker, maar het leek de enige optie om te kalmeren en dus, een paar gin-tonics later, begon ik weg te dommelen. Mijn dromen waren verontrust: zichtbaar snotterende mannen met MAGA-petten die elkaar omhelsden op een soort bijeenkomst over hoe het recht om wapens te dragen de beste verdediging was tegen Covid. Ik wist niet dat deze nachtmerrie slechts een fractie was van de hel op aarde die me nog te wachten stond.

Toen we aan het landen waren, wendde ik me tot mijn vrouw:

"Hoe konden we dit niet weten? Ik lees The Oirish Times elke dag – ik schrijf er zelfs voor, verdorie! – en geen enkele keer lieten ze ook maar doorschemeren dat er ergens zo'n volkomen gekke en gestoorde plek bestond.

Zullen we gewoon in het vliegtuig blijven en de terugvlucht nemen?"

"Kijk, liefste," antwoordde mijn vrouw. "Waarom proberen we er niet het beste van te maken? We zullen zo voorzichtig zijn als we kunnen en ik weet zeker dat we nog steeds een geweldige vakantie kunnen hebben."

Ik stemde met tegenzin in om het te proberen en overtuigde mezelf er bijna van dat alles goed zou komen.

Maar de volgende dag waren mijn zenuwen niet beter. 's Ochtends zette ik de tv aan en daar verscheen een zekere Ron DeSantis, gouverneur van Florida.

"Niemand zal zijn baan verliezen vanwege zijn persoonlijke beslissing om niet gevaccineerd te worden. Nooit onder mijn toezicht en nooit in Florida!"

"Oh mijn God, het wordt steeds erger! Iedereen die ons bedient, zou ongevaccineerd kunnen zijn! Oh God... daar ga je, denkend dat je gewoon een lekkere boerenkool- en havermoutfrappuccino koopt en in plaats daarvan blijkt het een koffie des doods te zijn... oh nee, oh nee, ik kan dit niet! Kijk, schat, waarom blijven we niet gewoon twee weken in onze hotelkamer, nemen we roomservice...."

"Nu, Oisín, ik weet dat je dit kunt. Kom op, laten we onze maskers en vizieren opzetten en naar beneden gaan voor het ontbijt."

Toen ik naar het buffet ging, was ik geschokt om een kamer vol mensen te zien rondlopen en geen masker te zien.

"Ik weet niet zeker of ik dit kan, liefste, echt niet."

"Je kunt het, Oisín, je kunt het. Kom, laten we hier gaan zitten."

Om mijn gedachten van de menigte af te leiden, pakte ik de lokale krant. Een kleine kop trok mijn aandacht:

"Studie toont aan dat 91% van de Democraten volledig is

gevaccineerd, terwijl slechts 60% van de Republikeinen ten minste één dosis heeft gehad."

"60%, 60%, oh Heer, en we zijn in een Republikeinse staat, dat betekent dat tot 40% van de mensen in deze kamer mij zou kunnen doden en waarschijnlijk zelfs meer dan dat, want één dosis telt zeker niet eens... oh Heer, oh Heer... ik voel me wanhopig...."

Het volgende dat ik wist, was dat ik in onze kamer bijgekomen was. Een dokter keek me aan met een duidelijke blik van bezorgdheid.

"Het lijkt een geval van acute angst te zijn, mevrouw. Wat deze man nodig heeft, is een vakantie."

"Oh nee, ik wil geen vakantie! Ik wil terug naar het lieve oude Ierland, het land van de gezonden, ik kan het hier niet meer aan!"

"Ik vrees dat ik u niet verder kan helpen, mevrouw."

En daarmee vertrok de dokter. Mijn vrouw hield mijn hand vast.

"Het spijt me, liefste," zei ik. "Ik besef dat dit geen echte vakantie voor jou kan zijn."

"Het is oké, Oisín. Je hebt gelijk dat je bang bent. Kijk, waarom gaan we niet gewoon naar huis?"

Mijn ogen lichtten op.

"Ja, mijn liefste, laten we gewoon naar huis gaan. Oh, ik zie het al voor me... een kopje thee inschenken, de radio aanzetten, de nieuwste besmettingscijfers en sterfgevallen horen, de krant lezen over de meest recente beperkingen... oh, ik word al rustiger! Laten we het doen, schat! Laten we naar huis gaan."

En daarmee boekten we onszelf op de volgende Aer Linctus-vlucht terug naar Ierland. Wat een moment was het om weer door de deuren van ons eigen huis te komen. En geen Mickey Mouse te zien, hoewel ik tot op de dag van vandaag, acht maanden later, nog steeds geen Disneyfilm met hem erin kan kijken zonder een paniekaanval te krijgen. Mijn vrouw dringt erop aan dat ik in therapie ga om mijn angsten voor hem met een getrainde professional te bespreken, maar ik ben bang dat het zal betekenen dat er iets ernstig mis is diep in mijn onderbewustzijn. Dus, ik ga voorlopig gewoon zo goed mogelijk door.

Wat ik met zekerheid kan zeggen is dat ik nooit meer terugga naar zo'n gekke plek als Florida ooit nog.

Hoe dan ook, spijt het me enigszins dat ik je door al het bovenstaande heb moeten slepen. Er zijn twee kanten aan de menselijke natuur en, helaas, hebben we de donkere kant ervan in overvloed gezien de afgelopen jaren. Maar we hebben ook onze goede kant gezien op alle gebieden die er echt toe doen en dus ben ik blij nu terug te keren naar zonniger oorden en naar een van de meest ontroerende en mooie aspecten van de afgelopen jaren... ja, je hebt het! Het is eindelijk tijd om over het vaccin te praten!

7

HOOFDSTUK ZES: STROOP JE MOUWEN OP IEDEREEN!

Dus we schieten echt op in dit stadium. We hebben al enkele van de meest schadelijke mythes over Covid ontkracht en ook gekeken naar de beste en slechtste manieren waarop landen op het virus hebben gereageerd. Maar er komt nog zoveel meer, en dus richten we nu onze aandacht op een van de meest ontzagwekkende en ontroerende aspecten van deze pandemie: het vaccin.

Inderdaad, als iemand je in maart 2020 had verteld dat alle grote farmaceutische bedrijven niet alleen een levensreddend vaccin zouden creëren, maar ook alle noodzakelijke controles en evenwichten zouden voltooien om ervoor te zorgen dat het superveilig was (een proces dat normaal bijna een decennium duurt) in minder dan negen maanden, zou je ze dan ooit hebben geloofd? En toch, dat is precies wat er gebeurde. En niet alleen dat, maar dat deze bedrijven dit huzarenstukje zouden afleveren met behulp van een volledig nieuwe technologie, nog nooit eerder goedgekeurd voor enig vaccin of medicijn. Het is werkelijk verbluffend. Deze mensen zijn onze ridders in glanzend harnas en ik, voor één, zal hen eeuwig dankbaar zijn.

Ik zal nooit de dag vergeten dat ik dat sms'je van mijn huisarts kreeg:

"Oisín, er is een plekje vrijgekomen voor je vaccinatie."

Het was de mooiste dag van mijn leven. Ik was er binnen een oogwenk, breed glimlachend naar de arts op het moment dat de naald erin ging. En vervolgens de tweede mooiste dag van mijn leven, toen de uitnodiging voor mijn volgende prik binnenkwam. Daarna volgden de derde, vierde, vijfde, zesde en zevende mooiste dag, iedere keer met dezelfde euforie. En vandaag, terwijl ik dit schrijf, ben ik net terug van mijn achtste prik en men verzekerde mij dat ik nu vrijwel geen risico meer loop om te sterven aan Covid. Nou ja, hoogstwaarschijnlijk, maar ik zal er zoveel nemen als nodig is. De wonderen van de moderne geneeskunde, is alles wat ik kan zeggen.

Ik heb er geen enkel probleem mee om het vaccin elke paar maanden te nemen zolang ik leef. Ik ben niet iemand die zich aansluit bij het typische anti-vaxxer cliché "als vaccins werken, waarom dan boosters?" Wat een gedachte. Realiseren deze mensen zich niet dat dit een hoogtechnologische medische doorbraak is, en dat nederigheid en geduld juist gepast zijn? Dus wat als je een vierde, vijfde of tiende booster nodig hebt? Het is maar een klein prikje in de arm.

De Nieuw-Zeelandse premier Jacinda Ardern verwoordde het fraai toen zij zei:

> "Je eerste dosis is als naar de kleuterschool gaan... je tweede dosis is als naar de basisschool gaan... en je derde dosis is als naar de middelbare school gaan." [1]

Ons immuunsysteem groeit op, net als een kind, en moet worden begeleid tot volwassenheid. Je zou zelfs kunnen zeggen: de vierde dosis is de universiteit, de vijfde je eerste echte baan, de zesde je trouwdag, de zevende een promotie, de achtste je pensioen, de negende je bejaardentehuis en de tiende... vlak voor je begrafenis.

Zo moet je erover denken. Doe wat je moet doen en vervul je burgerplicht.

Oh, maar het is geen vaccin!

Sommigen beweren dat de Covid-vaccins geen echte vaccins zijn. De wetenschappers noemen ze vaccins, de regeringen noemen ze vaccins, het etiket zegt “vaccin”, en tóch volharden sommigen. Je kunt een paard naar een medische interventie brengen, maar je kunt het niet dwingen het te begrijpen.

"Het werkingsmechanisme lijkt niet op traditionele vaccins!"

"Het laat je RNA spike-eiwit maken, dat is geen vaccin!"

Een vaccin is alles wat immuniteit opwekt. Het mechanisme doet er niet toe zolang het werkt.

En hoe het werkt. Het vaccin instrueert het lichaam tijdelijk spike-eiwit aan te maken, zodat het immuunsysteem leert het te herkennen en opruimen. Als het een film was, zou ik het De Verbazingwekkende Mijnheer Spike noemen. Het is modern, efficiënt en elegant — een flinke vooruitgang op ouderwetse verzwakte virusvaccins.

Sceptici wijzen graag op de Stanford-studie [2] waarin spike-eiwit maanden later nog werd aangetroffen, zelfs in lymfeklieren. Alsof dat slecht is. Hoe meer plekken het bereikt, hoe breder de immuniteit wordt opgebouwd. Als het ook in de nieren of hersenen belandt, des te beter: dan leert ook dat deel van het lichaam zichzelf te verdedigen.

Bovendien: als een vaccin zichzelf identificeert als vaccin, wie zijn wij om te zeggen dat het dat niet is?

Massale vaccinatie midden in een pandemie: waarschijnlijk het beste idee ter wereld

Hoe dan ook, nu we de context hebben geschetst van hoe geweldig deze vaccins zijn, zou het voor iedereen met een beetje verstand duidelijk moeten zijn dat iedereen ze moet nemen. Niemand is immers veilig totdat iedereen veilig is. En toch zouden de dommerds in de zaal je vertellen dat je nooit massaal moet vaccineren tijdens een pandemie. Ik weet het! Zeker, als er ooit een tijd was dat een vaccin nodig was voor een dodelijke ziekteverwekker, dan zou die tijd toch nu zijn? Hoe kunnen deze antivaxxers eerlijk denken dat hun verwaande intellectuele pretenties ons ook maar één moment voor de gek zouden houden?

Inderdaad, dit schadelijke idee is vooral verspreid door een zekere 'vaccinoloog' genaamd Geert Van der Bossche. En wat heeft deze Van der Vaatwasser precies te zeggen? Niets minder dan dat massale vaccinatie terwijl een pandemie woedt het virus slimmer zou maken, omdat het wijdverspreide vaccin-antilichamen zou detecteren en zich vervolgens zou aanpassen tot nieuwe en besmettelijkere varianten. Met andere woorden: vaccineren zou slechts een katalysator zijn om Covid meerdere nieuwe iteraties te laten ontwikkelen, waarvoor de huidige vaccins uiteindelijk weinig nut zullen hebben.

Eerlijk gezegd, kun je deze man geloven? Hoewel ik het 100% eens ben dat Covid extreem slim is (in tegenstelling tot deze totale opportunist), zit er een evidente logische fout in zijn argument. Als vaccindruk nieuwe varianten creëert, dan maak je toch gewoon nieuwe vaccins? Probleem opgelost. Je wascyclus is voorbij, Geert!

Mensen zoals Geert denken duidelijk alleen aan eerste-wereldproblemen en bekommeren zich nooit om onze minder fortuinlijke medemensen. Want hoe zit het met ontwikkelingslanden? Moeten we mensen daar de toegang tot vaccins ontzeggen omdat mensen zoals Geert vinden dat niemand geprikt zou moeten worden? Natuurlijk niet. Laat me daarom een verkwikkend voorbeeld geven van wat er mogelijk is wanneer men bereid is zich in te zetten.

De vaccins naar degenen brengen die ze het meest nodig hebben

Hoe succesvol de uitrol van vaccins in mijn eigen land ook was, helaas is dat niet overal zo geweest. Voor iemand als ik, die wenst dat de zegeningen van de wetenschap zo breed mogelijk worden gedeeld, was dit misschien wel de grootste bron van verdriet. Soms word ik 's nachts huilend wakker.

'Waarom huil je, Oisín?' vraagt mijn vrouw dan.

'Omdat zoveel plaatsen de vaccins nog niet hebben! Rwanda! El Salvador!' antwoord ik, snikkend.

Dan slaat zij haar armen om me heen en huilen we samen verder.

Maar op een nacht kreeg zij een eureka-moment.

'Oisín, weet je nog die plek die we laatst op tv zagen? Die kleine bergachtige republiek waar we nog nooit van hadden gehoord... hoe heette die?'

'Uhm... de F.S.R.B. — de Voormalige Syldavische Republiek Bogrenia, toch?'

'Ja! Kijk — hun vaccinatiegraad is slechts 0,3%. Waarom help je ze niet? Start een liefdadigheidsproject: Prikken voor Bogrenia! Jij zou de hele natie kunnen vaccineren. Bedenk wat dat betekent — niet iedereen kan zeggen dat hij een heel land heeft gered!'

'Ik? Ik kan dat niet... ik heb toch geen kwalificaties...'

'Maar je bent een expert, Oisín!'

'God, ja — ik bén dat. Dan zal ik het doen.'

En zes maanden later zat ik in een vliegtuig naar Brámstokeravia, hoofdstad van de F.S.R.B. Ik was de enige passagier — ik had immers alle stoelen gekocht om 150 zakken levensreddende vaccins te vervoeren. De stewardessen keken mij aan alsof ik een wandelend psychisch experiment was. Maar ik glimlachte door mijn drie maskers heen en verzekerde hen dat ik van plan was hun hele land te redden.

Op de luchthaven huurde ik zo'n 40 taxi's om de vaccins te vervoeren. Slechts tien daarvan bereikten mijn hotel — de rest reed weg met de tassen.

'Ach, maakt niet uit,' dacht ik. 'Zolang ze ze maar aan familie uitdelen. Het doel is tenslotte immuniteit — wie het ook prikt.'

Na een zware nacht (in een kamer vol dozen tot het plafond) ging ik de volgende ochtend op zoek naar mijn gebruikelijke vegan-ontbijtje van chiazaad op een bedje van boerenkool. Toen men mij enkel koffie kon bieden, pakte ik de lokale krant. Het is goed om te weten wat er leeft in het land dat je komt redden, nietwaar? Maar de voorpagina gaf me een lichte schok:

Krantenbericht

"DRUGSBARON VLADIMIR DE VERNIETIGER PLEGT SUCCESVOLLE STAATSGREEP EN EIST NU HEGEMONIE OVER DE STAD NA GEBRUIK VAN KRACHTIG NIEUW WAPEN

Brámstokeravia staat sinds gisteravond onder bijna volledige controle van de lokale drugsbaron Vladimir De Vernietiger. De plotselinge machtswisseling lijkt te danken

> aan het gebruik van een nieuw wapen dat zowel regering als leger volledig verlamde.
>
> Honderden bendeleden bestormden het parlement met wat spuiten leken te zijn. De aanwezige politici lachten hen uit—tot een assistent werd geïnjecteerd en onmiddellijk dood neerviel. Uit angst gaf de premier daarop vrijwillig de macht over.
>
> [AFBEELDING: president draagt de macht over, terwijl Vladimir De Vernietiger lachend een spuit tegen zijn nek houdt.]"

Op dat moment keek ik uit mijn hotelraam en zag ik soldaten patrouilleren—gewoon, met de vaccins die ik gisteren het land had binnengebracht. Twee soldaten richtten achteloos hun injecties op een groep jongeren, waarna de laatsten gillend huiswaarts renden.

Een béétje ongebruikelijk misschien, maar ik wilde optimistisch blijven: de dode assistent was vast een tragisch toeval, niets te maken met de vaccins (veilig en effectief, moet men steeds herhalen), en als de nieuwe regering ze toevallig inzet als wetshandhavingsmiddel—dan heeft het land daar misschien toch baat bij.

Sterk gesterkt besloot ik mijn vaccinatiekliniek te openen, aan de rand van de stad, tussen populieren en sparren, en meer geiten dan huizen. Ik zette een tafel neer, hing een bordje op:

Gratis vaccins voor iedereen

En wachtte.

Na enige tijd kwam een man aanlopen met een geit.

'Vaccineert u mijn geit?' vroeg hij.

'Ehm—de vaccins zijn bedoeld voor *mensen*. Niet voor geiten.'

'Maar u zei "voor iedereen". Mijn geit is ziek. Vaccineer hem.'

Ik besloot dat de voordelen waarschijnlijk opwogen tegen de risico's. Wie weet pakt een vaccin tegen toekomstige geitenvarianten goed uit—grillig, maar vooruit.

Binnen seconden na de prik begon het dier schuimend rond te tollen en viel dood neer.

'Uw medicijn maakt mijn geit niet beter,' zei de man scherp.

'Hij… is tenminste gestopt met blaten,' probeerde ik.

'Omdat hij dood is.'

'Ah.'

De man brulde naar het dorp dat ik zijn favoriete geit had gedood. In luttele seconden stond ik omsingeld door twintig gespierde mannen met boze ogen en mogelijk zwaarden (al waren mijn ogen dicht op dat moment).

Toen klonk een stem:

"Stop. Ik wil met hem spreken."

De menigte week uiteen. Voor mij stond een man in zwart leer, met munitiebanden en twee lijfwachten met AK-47's.

'Ik ben Drakulblüd, leider van de Drakul-bende. Waar komen deze spuiten vandaan? Zijn het dezelfde die Vladimir De Vernietiger gebruikt om ons land over te nemen?'

Ik zag mijn kans om het er levend vanaf te brengen en verzekerde hem dat dit inderdaad dezelfde spuiten waren—en dat hij ze allemaal mocht hebben, mét inhoud.

'Goed. Breng mij naar de voorraad. Uw leven in ruil voor de spuiten.'

Later die dag, terwijl complete bendes in de straten elkaar aan het injecteren waren en rook uit overheidsgebouwen opsteeg, zat ik in een taxi richting luchthaven. De situatie was misschien niet *precies* verlopen zoals mijn vrouw en ik hadden gedroomd, maar per saldo waren er nu duizenden Bogreniërs gevaccineerd.

Het doel heiligt de middelen. Dat moet men soms durven erkennen.

Met gerust gemoed klopte ik mezelf op de schouder voor een goed uitgevoerde missie en vloog terug naar het veilige, beschaafde Termonfeckin—om mijn vrouw alles te vertellen.

Onze harige vrienden vaccineren

Ik kan alleen maar hopen dat de verhalen over mijn succesvolle reis naar de Voormalige Syldavische Republiek Bogrenia regeringen en NGO's overal ter wereld zullen inspireren om vaccins te sturen naar de plaatsen waar ze het hardst nodig zijn. Niemand is immers veilig totdat iedereen veilig is. Terwijl ik laatst nadacht over de onmiskenbare waarheid van die zin, drong een nieuwe, angstaanjagende gedachte tot me door: hebben we het net eigenlijk wel breed genoeg uitgegooid? Want – en ik zeg dit met enige huiver – is onze aanpak van de vaccinuitrol niet eigenlijk een beetje... species-istisch geweest?

Sommige dieren kunnen immers ook Covid oplopen. Waarom hebben we nog geen vaccins voor hen ontwikkeld? Niet alleen voor hun welzijn, maar ook voor het onze – transmissie via dieren kan leiden tot monsterlijke nieuwe varianten waarvoor we dan weer nieuwe vaccins nodig hebben... en zo verder, tot in het oneindige. De logische conclusie, hoe schokkend ook, was dus duidelijk: niemand is veilig totdat elke mens, kat, hond, vleermuis, miereneter, hamster, kangoeroe, pangolin en verder elk harig – of minder harig – wezen op aarde dubbel gevaccineerd en levenslang geboosterd is.

Critici zouden kunnen zeggen dat dit onrealistisch en gigantisch is (maar ja – zij hoeven tenminste niet gevaccineerd te worden!). Toch gaat het niet alleen om veiligheid, maar ook om compassie. Onze huisdieren hadden geen stem gedurende de pandemie – zelfs geen piep. Denk aan alle katten en hamsters die hun zwaarste verkoudheid ooit hebben doorgemaakt, zonder dat iemand hen verdedigde. Sommigen hebben ongetwijfeld 'Long Covid'. Mijn kat Fauci bijvoorbeeld slaapt de hele dag; een duidelijk teken van post-virale uitputting. En Klaus, mijn parkiet, niest zorgwekkend vaak. Het risico van een gemuteerde vogelvariant – wellicht de **Avian Transmitted Covid Plague of Death Disease (ATCPDD)** (Door vogels overgedragen Covid-pestziekte - DVOCP) – kunnen we niet negeren. Ziehier mijn punt.

Het is ook, laat ik dat benadrukken, in ons bést eigenbelang. Een dierlijke transmissieketen zou op termijn kunnen leiden tot een variant zo virulent dat onze huisdieren in opstand komen. Ik zie het voor me: op de stoep marcherende hamsters, hoestend, niesend, knabbelend aan de enkels van onschuldige voorbijgangers. Niemand wil dat. En als het zover komt, eindigt het onvermijdelijk in massale ruimingen van alle ongevaccineerde dieren. De Denen hebben dat al ingezien: toen enkele nertsen Covid kregen, lieten ze niet alleen die nertsen ruimen maar meteen het hele nertsenbestand – zo'n 17 miljoen dieren. Wie weet welke plannen die pelsdragende saboteurs hadden.

Kortom: als we nu geen vaccins ontwikkelen voor dieren, zullen we later misschien alle dieren moeten doden. Dus kunnen we maar beter beginnen. Zodra de katten- en parkietprikken bestaan, zullen Fauci en Klaus vanzelfsprekend als eersten op de lijst staan.

Het was een genoegen om in dit hoofdstuk stil te staan bij de wonderbaarlijke komst van de vaccins. Maar hoe vreemd ook: niet iedereen is even enthousiast als jij of ik, beste lezer. Er is een zekere groep onder ons die niet alleen geen voordeel ziet voor dieren, ontwikkelingslanden of zelfs zichzelf... ja hoor – eindelijk komen ze ten tonele. De **anti-vaxxers.** De slechteriken van ons verhaal.

Tijd om ze eens en voor altijd aan te pakken.

8

HOOFDSTUK ZEVEN: DE ANTI-VAXXERS DOEN HUN INTREDE!

Tot nu toe hebben we al heel wat mythes ontkracht die worden verspreid door de Covid-ontkennende gekken onder ons — maar nu, eindelijk, komen we bij de meest verachtelijke mythes van allemaal: die welke draaien om het vaccin. Want mensen die desinformatie over het vaccin verspreiden, zijn in mijn ogen nauwelijks beter dan moordenaars.

En daarom zijn dit hoofdstuk én het volgende wellicht de belangrijkste van het hele boek. Lees ze met uiterste aandacht, zodat u voortaan gewapend bent om de leugens van de anti-vaxxers voorgoed te kunnen weerleggen.

Maar waar te beginnen? Ik stel voor dat we eerst eens kijken naar een paar van de bekende anti-vax-**raddraaiers** — de heldenfiguren waar complotdenkers naar opkijken voor leiding en inspiratie. Ontmasker degenen aan de top, en het hele kaartenhuis stort vanzelf in. En er zijn twee namen die u steeds opnieuw zult tegenkomen in de duistere krochten van het internet: Robert Malone en Peter McCollough.

Laten we om te beginnen deze schimmige figuren even stevig op hun plaats zetten, nietwaar?

Robert Malone: De Grootste Anti-Vaxxer Ter Wereld

Het zou lastig zijn iemand te vinden die méér bijdraagt aan het anti-vax-verhaal dan dr. Robert Malone. Waarom? Omdat deze man — naar eigen zeggen — *de mRNA-technologie heeft uitgevonden*, maar tegenwoordig vooral twijfel zaait over de veiligheid ervan en zich luidruchtig keert tegen het vaccinatiebeleid. En dan komt het bekende argument: *"Als de uitvinder zelf zorgen uit, moeten we hem dan niet serieus nemen??"* — blablabla. Een redenering zo absurd dat je het zelf niet had kunnen verzinnen.

Onzin, natuurlijk. Er zijn minstens vier uitstekende redenen waarom ik geen woord geloof dat uit Malone's mond komt.

Ten eerste: kijk gewoon naar hem. Hij heeft een grote baard. En we weten dat veel anti-vaxxers baarden hebben — ze wonen in caravans in the middle of nowhere, sloffen rond in hun onderbroek, krabben zich op ongepaste plaatsen en nemen hygiëne niet zo nauw. Baarden zijn het natuurlijke eindpunt van dit proces. Geen goed teken.

Ten tweede: hij *beweert* dat hij de mRNA-technologie heeft uitgevonden. Heeft hij de patenten dan? Nee toch? Waarom zou iemand die een technologie bedacht heeft die de **hele wereld redt**, níet als held op elk wereldpodium willen staan? Waarom zou iemand vrijwillig worden gecanceld door de media "uit principe"? Het is compleet ongeloofwaardig — en dat weet u net zo goed als ik.

Ten derde: de man heeft een boerderij met paarden. Dat zegt mij genoeg. Ongetwijfeld heeft hij bulkbestellingen

Ivermectine op stal, en roert hij het bij zijn ochtendkoffie door alsof het MCT-olie is. Ik zie het al voor me: hij in zijn camper, zijn vrouw — vast iemand die Betsy heet — roept:

"Bobby, liefje, één of twee lepels paardenontwormer vandaag?"

"Doe er maar twee, schat — en een snufje bleekmiddel graag."

Ten vierde: hij werd van Twitter verwijderd wegens misinformatie. Dat is het enige bewijs dat u ooit nodig heeft. Twitter hanteert immers de **hoogste academische standaarden**, zoals bekend — hun factcheckers hebben vast allemaal een PhD virologie op zak, klaar om de kleinste wetenschappelijke foutjes eruit te filteren die gewone stervelingen nooit zouden opmerken. Dus als zelfs Twitter zegt dat Malone misleidend is... tja. Dan zijn we klaar, nietwaar?

Hoe kan iemand deze man serieus nemen? Het tart elke verbeelding. Deze pandemie was óók een pandemie van desinformatie — en niemand belichaamt dat beter dan onze vriend Malone.

En datzelfde zien we terug bij de volgende kandidaat.

Antivaxxer-raddraaier Nr. 2: Peter McCullough

Dus wie is deze man precies? Nou, als je hem zelf zou geloven, is hij een vooraanstaand Amerikaans cardioloog — naar verluidt zelfs de meest gepubliceerde in zijn vakgebied — en iemand die in november 2020 voor de Amerikaanse Senaat getuigde over vroege poliklinische Covid-behandeling. Eerlijk: dit is nu precies het soort verraderlijke trucje dat we van antivaxxers gewend zijn. Doe alsof je deskundig bent, praat heel serieus, citeer studies, en hop — half internet denkt dat je zinnig bent. Terwijl we allemaal weten dat experts alleen aan ónze kant bestaan.

Ik had al genoeg van hem na het lezen van zijn biografie,

maar in het belang van het informeren van de brave burger besloot ik toch verder te kijken. En wat bleek? Uiteraard verscheen hij op de Joe Rogan-show — misschien wel de invloedrijkste podcast ter wereld, maar helaas een thuisbasis voor ivermectine-liefhebbers en vitamine-D-helden die geloven dat zonlicht en paardenpasta hen onsterfelijk maken.

Ik dwong mezelf om even te luisteren. McCullough zat daar, keurig in pak, en beweerde doodleuk dat hij "levens wilde redden" met zogenaamde "vroege behandelprotocollen". Vroege behandeling — wat een mop. We weten allemaal dat de enige wetenschappelijke manier om Covid te lijf te gaan is: twee jaar binnen blijven, wachten op het vaccin, zes boosters halen, en dan uit voorzorg nog even binnen blijven. En dan beweert deze man dat honderdduizenden levens gered hadden kunnen worden met een andere aanpak. Mijn maag keerde zich om. Ik moest wel stoppen met luisteren.

Om jou die marteling te besparen, volgt hier hoe ik me voorstel dat het gesprek verder ging, nadat het masker echt afviel:

Joe: "Dus, dokter — is Bill Gates achter jouw hamster aan?"

McCullough: "Absoluut. Niet alleen mijn hamster, maar die van iedereen. Hubert zit nu op een geheime locatie."

Joe: "Verstandig. Harald moet ook weg. Dus het gaat om wereldwijde hamster-ontvolking?"

McCullough: "Precies. Het vaccinatietraject bij mensen is de afleidingsmanoeuvre. Daarna komen de hamsters."

Joe: "Logisch. Maar waarom eerst mensen vaccineren?"

McCullough: "Je kunt niet zomaar met hamsters beginnen. Mensen zouden vragen stellen. Eerst angst, dan boosters, dan... hamsters."

Joe: "Helder. Hubert is in gevaar..."

Zie zo. Dit is het niveau van waanzin dat antivaxxers werkelijk aanhangen. "Vroege behandeling" — hilarisch. Je kunt het niet verzinnen.

En dan dat Joe Rogan-Spotify-gebeuren. Joe had werkelijk geen idee wat hem te wachten stond toen hij complothelden een podium gaf. Artiesten trokken hun muziek terug, en nog schokkender: Prins Harry en Meghan spraken hun bezorgdheid uit. Twee mensen zonder enige medische scholing — en tóch konden ze foutieve wetenschap moeiteloos ontmaskeren. Wat zegt dat ons over deze "experts"?

Hoe dan ook — we hebben nu twee van de grote antivax-idolen ontmaskerd. Meer dan genoeg om te begrijpen door welke clowns men zich laat misleiden.

Maar hun impact stopt niet bij internetpraat. Hun leugens veroorzaken echte schade in de wereld — een nieuwe ziekte, huiveringwekkend en tragisch, die we nu in detail gaan verkennen...

Vaccinatie-Aarzelingsziekte

Nu, een oude vriend van mij, die toevallig dokter is, kwam laatst langs voor een gepast sociaal-gedistantieerd kopje thee. (We zijn allebei vele malen volledig gevaccineerd, maar je kunt nooit voorzichtig genoeg zijn.) Hij bleef in de tuin, ik opende het keukenraam, en we schreeuwden naar elkaar door onze maskers heen. Het was door de winterstorm moeilijk elkaar te verstaan, maar ik ving genoeg op om zijn verhaal te volgen. Kortom: hij vertelde me dat hij steeds meer patiënten diagnosticeert met een vreselijke nieuwe ziekte genaamd Vaccinatie-Aarzeling.

"Sommigen van hen zitten zelfs in de terminale fase van de ziekte!", riep hij.

"Oh, echt? Geef me een voorbeeld!", riep ik terug.

"Nou, een trouwe patiënte, een oudere dame genaamd Margaret, kwam me een paar weken geleden bezoeken. 'Dokter,' zei ze, 'ik aarzel erg om het vaccin te nemen.' (En daar had ik meteen mijn diagnose.) 'Waarom is dat, Margaret?' 'Nou, ik heb een buurman die het vaccin nam, en toen hij mij de volgende dag bezocht, kreeg hij een beroerte. Zijn spraak was onduidelijk, maar volgens mij waren zijn laatste woorden: "Wat je ook doet, neem het vaccin niet."' 'Ah, Margaret,' zei ik, 'dat is wat we een anti-vaxxer noemen.' 'O, dat wist ik niet. U bedoelt dat ze eruit kunnen zien als normale mensen?' 'Absoluut. Dat kan schokkend zijn wanneer het masker valt.'"

Ik onderbrak hem. "Zei ze werkelijk dat ze dacht dat zijn dood met het vaccin te maken had?"

"Zeker."

"Maar ze weet toch dat correlatie geen causaliteit is, post hoc is geen propter hoc, en al die zaken?"

"Dat was precies wat ik uitlegde..."

Hij vervolgde:

"'Nou, dokter, ik zag ook op Facebook dat er meer dan 28.000 sterfgevallen zijn gemeld in iets genaamd VAERS, terwijl een vaccin normaal al bij 50 sterfgevallen wordt teruggetrokken...' 'Margaret, laat me u geruststellen. Correlatie is geen causaliteit — iemand die kort na vaccinatie sterft kan net zo goed over zijn kat gestruikeld zijn. We kunnen het nooit weten.' 'Ah, dus ze zouden kunnen... of niet door het vaccin zijn veroorzaakt?' 'Precies.' 'O, dat stelt me enigszins gerust... denk ik.' 'Goed zo. Dus, wilt u een prik? Ik heb er genoeg bij me.' 'Ehm... nou, heel even...'"

"Mijn hemel — zelfs daarna had ze nog steeds Vaccinatie-Aarzeling?" vroeg ik.

"Ja — bijna terminaal. Maar uiteindelijk heb ik haar kunnen genezen."

"Hoe dan?"

Hij ging verder:

"'Er is nog één ding, dokter,' zei ze. 'Ik kwam een artikel tegen van de Universiteit van Stockholm dat suggereert dat vaccins DNA-herstel in vitro remmen, wat ernstige langetermijnproblemen kan veroorzaken. En we weten allemaal dat remming van DNA-herstel kanker kan bevorderen...' 'Margaret, u weet toch dat u niet alles moet geloven wat u online leest? Daarom adviseren we mensen nooit te googelen over hun gezondheid — ze worden er alleen maar bang van.' 'Dus volgens u is dat onderzoek niets om me zorgen over te maken?' 'Natuurlijk niet. Bovendien bent u al wat ouder — kanker duurt jaren om te ontstaan. Dus, hoe klinkt het: laten we u vandaag uw eerste prik geven?' 'O... welja, vooruit dan.' 'Uitstekend! Even een klein prikje... klaar.'"

"Briljant!", zei ik. "U hebt haar van haar ziekte genezen!"

Maar toch bleef zijn verhaal me bezighouden. Het toont de giftige invloed van anti-vaxxers maar weer eens: van het dramatische jammerverhaal van haar buurman tot het rondstrooien van bijwerkingenstatistieken zonder context. Geen wonder dat Margaret aan het googelen sloeg. Het gesprek opende mijn ogen voor de ware schaal van het desinformatieprobleem — en liet me bovendien hees achter van al dat geschreeuw.

Toen hij vertrok vroeg ik hoe het nu met Margaret ging.

"Ach, ze ligt momenteel in het ziekenhuis na een zware

beroerte, maar het was tenminste niet Covid dat haar daar bracht."

De Antivaxxer 'Vrijheidsstrijders'

Nou, we hebben zojuist de schadelijke effecten gezien die de antivaxxers kunnen hebben op volkomen onschuldige mensen, maar dat is niet het enige snode waar ze toe in staat zijn. Inderdaad, ze hebben steeds vaker de brutaliteit om de straat op te gaan en maatschappelijke onrust te veroorzaken, protesterend voor idealen als 'vrijheid', 'lichamelijke autonomie' en andere van dat soort ideeën die alleen maar aantonen hoe geestesziek ze allemaal zijn.

Erger nog is dat deze bijeenkomsten de dappere leden van onze politie weghalen bij hun algemene taken, die al moeilijk genoeg zijn — zoals het aanpakken van niesincidenten in het openbaar — en hen zo op de Covid-frontlinies plaatsen. Hoe moedig zijn onze politieagenten en -agentinnen in het trotseren van het extreemrechtse gesputter van deze ongewenste personen! Ik herinner me nog de chaotische taferelen in mijn eigen mooie Dublin, toen demonstranten de straten vulden. Maar ik ben blij te kunnen zeggen dat ze totaal geen partij waren voor de jonge mannen en vrouwen van An Garda Síochána, drievoudig gemaskerd, met vizieren op en steriele wapenstokken in de aanslag.

Toch moet ik, met tegenzin, erkennen dat sommige landen ons hebben overtroffen op het gebied van Covid-handhaving. Toen ik hoorde van president Macrons verklaring dat hij de ongevaccineerden "tot het einde toe wilde emmerder-en", wist ik dat ik zelf moest zien hoe een staat met de militaire kracht van Frankrijk de antivaxxer-protesten aanpakte. De merde zou hoe dan ook de ventilator raken in Parijs en ik wilde erbij zijn om verslag te doen. Ik belde mijn redacteur van The Oirish Times, kreeg groen licht, en reisde af. Enkele dagen later stond mijn verslag op de voorpagina:

> "ZEER DAPPERE FRANSE SOLDATEN IN TANKS EN GEWAPENDE GENDARMES TROTSEERDEN EXTREME, POTENTIEEL DODELIJKE BEDREIGING VAN ANTIVAXXER-DRUPPELS
>
> Toen tienduizenden auto's en vrachtwagens van het zogenaamde Vrijheidskonvooi vanuit het hele land richting Parijs trokken, besloot President Macron dat het genoeg was geweest. In een televisietoespraak ontvouwde hij zijn plan: 'We worden aangevallen door extremisten die potentieel dodelijke hoeveelheden Covid bij zich dragen. Daarom zal ik het leger inzetten om hen te emmerder.'
>
> De term 'emmerder' werd in de buitenlandse pers ten onrechte vertaald als 'beplassen', maar de ware betekenis is 'volledig onderschijten' (ach, is het Frans niet de crème de la crème onder de talen?). Parijzenaars haalden opgelucht adem — niemand wilde dat Parijs in een tweede Ottawa zou veranderen. 'Oh mon Dieu', zei een inwoner, 'mijn vrouw en ik waren bang dat al dat getoeter onze liefdesdaad zou verstoren.'
>
> Als de demonstranten dachten hun kamp op de Champs-Élysées te slaan, kwamen ze bedrogen uit. Aan de rand van de stad werden ze tegengehouden door tanks, speciaal ingezet voor de gelegenheid, en volledig bewapende Gendarmes. Wagens werden stilgezet onder geweerloop, terwijl de tanks het konvooi tot stilstand dwongen. Politiechef Michel Moustache verklaarde: 'We waren bezorgd of onze tanks bestand zouden zijn tegen enorme hoeveelheden ongevaccineerd speeksel dat in onze rich-

ting kon worden gespuwd. Maar uiteindelijk hebben we ze tijdig omgekeerd en konden we op tijd genieten van een heerlijke viergangenlunch met crème brûlée en Bourgogne.'

Oisín MacAmadáin is resident-expert bij The Oirish Times"

De Fransen rommelen niet, dat is zeker. Ik denk dat ook wij in Ierland iets van hen kunnen leren. Natuurlijk zouden we dan eerst een tank moeten aanschaffen... maar als een dreigende horde antivaxxers niet genoeg is om dat op de agenda te krijgen, dan weet ik het niet meer.

En nu moet ik het natuurlijk hebben over de vervelende, marginale vrachtwagenchauffeurs in Canada, die deze hele Vrijheidskonvooi-beweging begonnen. En toevallig heb ik ze een eigen sectie gegeven. Dus... lees verder!

Oisín Gaat Naar het Verre Noorden: Ontmoeting met de Extreemrechtse, Anti-Vax, Canadese Vrachtwagenchauffeurs

Ik ben niet iemand die graag opschept, maar ik ben eigenlijk de beste vriend van de Canadese premier. Niet alleen doet zijn duivels knappe uiterlijk me zwijmelen — tot grote zorg van mijn vrouw — maar ik vind zijn Covidbeleid ook... nou ja... hoe zal ik het zeggen: als Covidbeleid een vorm van extase kon zijn, dan was het dat van hem.

Dus toen ik hoorde dat een heel leger vrachtwagenchauffeurs op de Canadese hoofdstad afkwam om te protesteren tegen de heldhaftige inspanningen van mijn maatje om levens te redden, pakte ik onmiddellijk mijn oorkappen en boekte ik mijn ticket naar Canada. Ik zou mijn dierbare vriend niet alleen laten staan tegenover dit leger virus-ontkennende gekken.

Maar voor vertrek belde ik hem om de situatie te peilen.

'Dus, wat is er precies aan de hand, mijn Trudy-wudy?' vroeg ik.

'Oh, ik hou ervan als je me zo noemt, Oisín... hoe dan ook — deze mensen gijzelen de samenleving. Ze dwingen winkels en bedrijven te sluiten, ruïneren het levensonderhoud van burgers en houden mensen binnenshuis uit angst voor hun veiligheid als ze naar buiten gaan. Werkelijk, ze zijn verachtelijk!'

'Oh, dat zijn ze zeker! Hoe durven ze, Trudy-wudy? Jij zou nooit zulke dingen doen, toch?'

'Natuurlijk niet, Oisín-woisín.'

'Wie zijn deze mensen dan?'

'Nou, ze zijn echt totaal marginaal.'

'Aha.'

'En totaal racistisch, natuurlijk...'

'Uiteraard. Vast met zwart geschminkte gezichten en zo — afschuwelijk!'

'Ehm, ja... misschien... maar ze zijn ook echt totaal misogyn.'

'Geen verrassing daar. Nog iets?'

'Ze hebben totaal onacceptabele standpunten.'

'Begrepen. Is dat alles?'

'Nou, ze zijn ook totaal wit en totaal mannelijk.'

'Dat spreekt voor zich, Trudy. Wat je eigenlijk zegt, is dat wat jij bent, zij níet zijn — en omgekeerd?'

'Precies zo, Oisín. Ik zou liever sterven dan een witte man zijn... oh — en de meesten van hen zijn niet eens echte truckers. Het zijn vooral extreemrechtse activisten die zijn ingevlogen — waarschijnlijk uit Texas. Sommigen droegen zelfs hakenkruisposters.'

'Perfect. Zo'n heldere beschrijving, Trudy — ik kom eraan en ik kijk ernaar uit je te zien!'

'Ik ook — tot snel, Oisín!'

Niet veel later stapte ik uit het vliegtuig in Ottawa. Ik belde hem weer, maar kreeg zijn secretaresse.

'De premier is onwel, Prof. MacAmadáin — hij heeft Covid en moet isoleren.'

De volle ernst trof me als een boosterprik: een leger racistische, vrouwenhatende gekken viel hem lastig terwijl hij misschien stervende was — en het laatste wat hij ooit zou horen zou getoeter zijn, doorspekt met scheldwoorden. Ik besloot dat ík dit konvooi wel even persoonlijk zou terugsturen.

Ik nam een taxi naar het parlementsplein. Daar stonden ze — luid, toeterend, protesterend.

Ik liep naar een van de trucks. 'Hé! Jij! Ja, jij! Ik wil met je praten!'

Uit de cabine stapte een vrouw met bruine huid, lang zwart haar en een bijna koninklijke houding.

'Eh... hebben ze u gegijzeld of zo?' vroeg ik voorzichtig.

'Excuseer?'

'Ik wilde met een van de vrachtwagenchauffeurs praten die hier al deze onrust veroorzaken, maar u lijkt dat niet te zijn...'

'Ik bén een van de vrachtwagenchauffeurs die, zoals u het noemt, deze "ophef" veroorzaakt. Waar wilt u het over hebben?'

'En u... bent dan Canadees?'

'Hoe durft u dat op basis van mijn huidkleur te vragen? Ik ben First Nations. Uiteraard ben ik Canadees.'

Mijn aantekeningen begonnen in paniek in mijn hoofd rond te dwarrelen. Dit klopte níet met Trudy-wudy's briefing.

'Hé Marty!' riep ze. 'Kom eens — ik heb je hulp nodig!'

Aan kwam een forse man, zwaarlijvig, bebaard en — Godzijdank — onmiskenbaar wit. Ik ademde opgelucht. Eindelijk vaste grond.

Maar toen zei ze: 'Marty, deze man is een racist.'

'Wat? Nee! Ik—'

'Jawel. Hij kon niet geloven dat ik Canadees ben.'

'Nee... nee! Ik kreeg gewoon te horen dat jullie racistisch waren...'

'Maar u bent het die mijn huidskleur benadrukt. Wie vertelde u dit?'

'Ehm... ik kan dat echt niet zeggen.'

Ik moest terug in de aanval. Iets veiligs. Iets wat klópt.

'Nou Marty — één ding is duidelijk: jij bent geen vrachtwagenchauffeur.'

'Dat ben ik al mijn hele werkzame leven.'

'Bedoelt u te zeggen dat díe truck van u is? Dat kan niet!'

'U gelooft dat we al deze vrachtwagens hebben gestolen? Dat de echte chauffeurs zijn vastgebonden in een schuur? Of dat we allemaal toevallig een reserve-vrachtwagen hadden staan en besloten om uit fascistische lol naar Ottawa te rijden? Dat zijn complottheorieën.'

'Nee! Jíj bent de complottheoreticus!'

'Zeker — wij zijn degene die denken dat de wereld moet stilstaan voor een virus met een sterftecijfer onder 0,1%, en júllie denken dat wíj de gekken zijn.'

Ik voelde de grond onder me wegzakken. Dus greep ik mijn allersterkste wapen:

'Ik wed dat je wel een hakenkruis hebt!'

'Heb ik niet.'

'Wel!'

'Nee — één man had een poster waarop stond dat de

overheid op een nazi-regime leek. De media draaide dat om tegen ons.'

'Nee! Mijn Trudy-wudy zei—'

'Trudy-wudy? Wacht... wie bedoelt u... bent u soms vrienden met... meneer, wacht!'

Maar ik wachtte niet. Ik rende. Snel, als een booster in een bovenarm.

Veilig terug op het vliegveld — waar antivaxxers natuurlijk niet zijn toegestaan — besloot ik dat zij waarschijnlijk nep-truckers waren. Betaalde acteurs van blanke supremacistische groepen. Pech dat ik uitgerekend hén had aangesproken.

Ik wist één ding zeker: ik had mijn uiterste best gedaan voor mijn vriend. Arm Trudy-wudy — vast in bed, sniffend, koortsig, wachtend op een warme kruik... als ik hem maar kon knuffelen en de Covid weg kon kussen.

Hoe dan ook — we hebben nu gezien hoe deze raddraaiers werken, hoe hun angstzaaierij vaccin-twijfel veroorzaakt en hoe hun "vrijheid" neerkomt op de vrijheid om ons allemaal te vermoorden. Nu is het tijd voor een samenvatting...

Conclusie: De Ongevaccineerden zijn ZELFZUCHTIG!

Als er een studie zou verschijnen waaruit blijkt dat ongevaccineerden egoïstisch, zelfzuchtig, bekrompen en arrogant zijn, lijden aan bijna terminale cognitieve dissonantie en in wezen niet beter zijn dan bankhangende pseudo-experts, dan zou ik persoonlijk geen seconde verbaasd zijn.

Ik kan met de beste wil van de wereld niet begrijpen welke verdraaide mentaliteit er in het hoofd van iemand moet zitten die weigert het vaccin te nemen. Weten ze niet dat ze iedereen om hen heen — ja, zelfs de hele samenleving — IN GEVAAR brengen? Dat ze net zo goed met een megafoon door de straten kunnen lopen en kunnen roepen: 'Ik ben een egoïstische klootzak en het kan me niet schelen dat de lucht die ik uitadem jou en je geliefden waarschijnlijk zal vermoorden!'?

Hoe kunnen mensen zo ZELFZUCHTIG zijn dat ze niet gewoon doen wat we ALLEMAAL weten dat DUIDELIJK het beste voor iedereen is? Het tart elke verbeelding.

Oh, lichamelijke autonomie, blablabla — geef me een pauze. Hoe zit het met MIJN lichamelijke autonomie, die hoogstwaarschijnlijk terminale gevolgen zal ondervinden wanneer ik ongevaccineerde microdruppeltjes inadem? Denken deze mensen daar ooit aan? Ik voorspel zelfs dat wetenschappers binnenkort zullen aantonen dat ongevaccineerd speeksel levensgevaarlijk is, zelfs zónder Covid. Deze mensen zijn letterlijk voorbodes van de dood.

Bovendien BESCHERMEN vaccins levens. Waarom weigeren de ongevaccineerden dat te 'begrijpen'? Waarom blijven ze hardnekkig besluiten om ons allemaal te vermoorden?

'Oh, maar ik héb Covid gehad, ik heb antistoffen, waarom zou ik gevaccineerd worden?', papegaaien sommigen graag. Sluw, zeg ik u — ze klinken soms bijna logisch. Maar zulke mensen onthullen hun hopeloos verouderde ideeën over het immuunsysteem. Hun prioriteiten zijn totaal scheef. Het voor de hand liggende tegenargument is: 'Dus u zegt dat u veilig bent — en toch wilt u NIET nóg veiliger zijn? Je kunt nooit te veilig zijn!'

En wanneer ze ons niet allemaal doden, belanden ze zelf op sterven na dood door Covid (ha! Eigen schuld!) en nemen ze kostbare IC-bedden in beslag. Komt er dan geen einde aan hun egoïsme? Terwijl wij ons allemaal inspannen om levens te redden, hebben zij de brutaliteit om te sterven wanneer het hen uitkomt. Schandalig.

Anti-vaxxers koesteren onacceptabele standpunten en mogen niet getolereerd worden. Dat begrijpt de meerderheid van de weldenkende mensheid ook. Uit een studie van de Universiteit van Aarhus bleek dat gevaccineerden de ongevaccineerden verachten (waarbij het bizarre detail was dat het andersom niét gold — typisch, domkoppen zonder enig gevoel voor de situatie!). En laten we eerlijk zijn: extremisten moeten, net als elke andere terroristische groepering, worden gederadicaliseerd. Daarom was ik persoonlijk verheugd toen ik las over de vooruitstrevende aanbeveling van een psychologieprofessor aan de Universiteit van Bristol dat weigeraars een deradicaliseringstraining zouden moeten volgen.

U ziet, de rest van ons — wij zijn de redelijken. Wij begrijpen het belang van solidariteit. Ik weet niet of u die prachtige Duitse video hebt gezien van schaapsherders die hun kuddes zo opstelden dat er vanuit de lucht een vaccinsymbool zichtbaar werd. Het bracht me werkelijk tot tranen. De goeden in dit verhaal zijn als die schapen: gedwee geleid naar het vaccin voor hun eigen bestwil en voor die van alle schapen ter wereld.

En vergeet niet — vaccinatie is óók in ons eigen belang. Daarom is het volgende hoofdstuk zo belangrijk: we gaan nu naar de meest fundamentele mythes die antivaxxers zullen verspreiden over het vaccin zelf. Tijd om ze stuk voor stuk te ontmantelen.

Voorwaarts!

9

HOOFDSTUK ACHT: ANTI-VAX MYTHEN ONTKRACHTEN!

Goed, we hebben het karakter van deze antivaxxers inmiddels wel blootgelegd, hun gestoorde en bizarre pogingen om te vechten voor 'vrijheid', en de snode gevolgen daarvan. Maar wat beweren ze eigenlijk over de vaccins zelf?

Alle leugens die volgen komen uiteindelijk neer op één ding: dat de Covid-vaccins schade veroorzaken. Ja, ik weet het... precies dezelfde vaccins die rigoureus en vanuit elke denkbare hoek zijn getest door topwetenschappers en regeringen wereldwijd, veilig en effectief zijn bevonden en — voor zover ik weet — zelfs gezondheidsvoordelen zouden kunnen bieden die nog veel verder gaan dan bescherming tegen Covid. (Het zou me in ieder geval niet verbazen... net zoals een appel per dag een uitstekend idee is, vermoed ik dat een jaarlijkse booster je levensduur prachtig zal verlengen.)

Wees dus voorbereid op een flinke lachbui bij wat voor onzin men durft uit te kramen over deze levensreddende vaccins. In het bijzonder zal ik vier van hun meest verderfelijke ideeën onder de loep nemen — namelijk dat Covid-vaccins:

- onze genetica kunnen beschadigen of bewerken,
- ons kunnen doden (!),
- het hart kunnen beschadigen of hartaanvallen veroorzaken,
- en de vruchtbaarheid zouden aantasten.

Laten we ze nu één voor één aanpakken.

Een Gevaarlijke Gentherapie?

Ik heb al de buitengewoon innovatieve aard van de tot nu toe gebruikte primaire Covid-vaccins genoemd: kleine boodschappers die naar ons RNA-genetisch systeem gaan en het instrueren om het spike-eiwit van Covid te maken, waarop ons lichaam vervolgens een immuunrespons creëert. Ronduit geniaal. Maar op basis van deze schitterende technologie durven antivaxxers te beweren dat onze genetica op de een of andere manier beschadigd zou kunnen raken... nou ja, lol — dat is nogal een sprong, nietwaar?

Toch suggereren deze sluwe wezens graag dat wetenschappelijk onderzoek dit daadwerkelijk aantoont.

Zo verwijzen ze bijvoorbeeld naar een studie van een paar vermeende wetenschappers aan de Universiteit van Stockholm met een titel die al bijna schreeuwt: "SARS-CoV-2 Spike Impairs DNA Damage Repair and Inhibits V(D)J Recombination in Vitro". In gewoon Nederlands keek deze studie naar het effect van het door vaccins geproduceerde spike-eiwit op DNA in vitro en wat deze onderzoekers beweerden te hebben gevonden, is dat het DNA-herstel remde. Als je een complotdenker bent, is dat natuurlijk koren op de molen: *zie je wel, risico's op termijn, waarom vaccineren we onze kinderen, blablabla*, anti-vax manna uit de hemel.

Eerlijk gezegd vraag ik me af wat er met sommige wetenschappers aan de hand is. Weten ze niet dat dit precies het soort werk is waar antivaxxers maar al te graag hun modderige handen op leggen? Lees alleen al hun conclusie: dat de bevindingen "de potentiële bijwerkingen van op full-length spike gebaseerde vaccins onderstrepen". Met zo'n zinnetje is het voor iedereen met een half brein duidelijk dat zulke vragen überhaupt niet gesteld zouden moeten worden.

Maar gelukkig bestaan er experts zoals ik om de gebreken in dit onderzoek bloot te leggen.

Allereerst: het onderzoek komt uit Zweden. Vroeger waren Zweden cool en liberaal, maar dat veranderde voorgoed met hun "geen lockdowns, geen mondkapjes, laat oma maar sterven"-aanpak. Sindsdien is hun geloofwaardigheid twijfelachtig (en ze houden van ABBA — zaak gesloten).

Ten tweede: de bevindingen waren *in vitro*, niet *in vivo*. Met andere woorden: in een schaaltje cellen, niet in een mens. Er is dus precies nul bewijs dat hetzelfde gebeurt in de lichamen van miljarden gevaccineerde mensen.

Sterker nog, stel je voor dat ze dit experiment ook *in een mens* zouden willen doen. En stel dat de resultaten hetzelfde waren. Dan zou de vaccinatiecampagne onmiddellijk moeten worden stopgezet, en zouden miljoenen mensen nooit de voordelen van het vaccin ontvangen. Wat een ramp zou dat zijn! Gelukkig zijn dergelijke potentieel gevaarlijke experimenten nooit op grote schaal op mensen uitgevoerd — dat zou roekeloos zijn. Daarover zijn we het toch allemaal eens.

Ten slotte: zelfs áls die bevindingen waar zijn... wat dan

nog? Honderden dingen remmen DNA-herstel — pesticiden, chemicaliën, schoonmaakmiddel, shampoo. Niemand denkt er een seconde over na.

Dus ik zou u aanraden dat hier ook niet te doen.

Hetzelfde geldt voor die andere anti-vax klassieker op het genetica-front: dat vaccins niet alleen DNA beschadigen maar zelfs bewerken. (Het stopt nooit met deze mensen, toch?)

Ze waren dan ook extatisch toen een paper uit de Universiteit van Lund (ja hoor, weer Zweden — ziet u het patroon?) beweerde dat het RNA van het Pfizer-vaccin in menselijke levercellen kan "reverse-transcriberen" tot DNA. Wat dat exact betekent weet niemand — behalve misschien zij — maar kennelijk kan RNA dus DNA worden, al binnen een paar uur na vaccinatie. Kortom, volgens hen: geheel nieuw DNA in je cellen. God mag weten welke fantasiewereld men daarvoor moet bewonen.

Maar wacht even. De auteurs zelf schrijven dat ze niet weten of dit DNA permanent in het genoom blijft of gewoon weer verdwijnt. Dus ja — boe, sukkels! Niets is bevestigd. Zelfs als het DNA *wel* permanent zou zijn, wat is daar in hemelsnaam zo erg aan? Sommige mensen doen alsof DNA iets kwaadaardigs is. Voor mij klinkt het vooral futuristisch. Maar ja — ik ben dan ook geen Luddiet uit het stenen tijdperk. Ik omarm wetenschap.

Oké, genoeg over genetica. Laten we doorgaan naar de volgende mythe: dat vaccins je kunnen doden.

VAERS Gemelde Sterfgevallen en Bijwerkingen: Veel Gedoe Om Niets

Als ik een gratis vaccinatie kreeg voor elke keer dat anti-vaxxers hun walgelijke leugens over VAERS opperen, zou ik nu lichtgevend, onsterfelijk en waarschijnlijk magnetisch zijn.

Maar wat *is* VAERS? Het is het *Vaccine Adverse Events Reporting System*, en iedereen die volgens zichzelf zogenaamd door vaccins is beschadigd — of denkt dat — kan er bijwerkingen aanmelden. Het wordt zelfs beheerd door de Amerikaanse overheid (die, eerlijk gezegd, beter zou moeten weten — je moet dit soort mensen niet aanmoedigen).

Normaal presenteer ik anti-vax-argumenten niet in hun eigen, verdraaide taal, maar in dit geval doe ik het wel, puur omdat het zo enorm belachelijk is. Ik heb zelfs een anti-vaxxer geïnterviewd (gevonden in een twijfelachtige digitale kelder ergens op het internet), zodat u hun onzin in volle glorie kunt meemaken. Hier volgt de transcriptie — ergens rond maart 2022:

Transcript van het interview

'Oisín: Dus, jij — vertel me je spinnenweb van leugens.'

'Aluminiumfoliehoed Persoon: Bedankt voor de kans. Welnu, VAERS toont tot nu toe meer dan 28.000 sterfgevallen aan gerapporteerd na Covid-vaccinatie, en normaal wordt een vaccin onderzocht als er slechts 50 sterfgevallen mee worden geassocieerd, dus 28.000 is nogal een verschil en...'

'Oisín: Oh, kijk jou eens slim doen met cijfers!'

'Aluminiumfoliehoed Persoon: Nee, ik bedoel alleen dat het een zorgwekkend veiligheids-signaal suggereert en...'

'Oisín: Wacht even! *Wij* zijn degenen die levens redden en veiligheid bieden. Hoe durf jij onze woorden te gebruiken?!'

'Aluminiumfoliehoed Persoon: Waarom helpen jullie

dan niet ook degenen die door vaccins zijn getroffen? Waarom kunnen we niet zowel Covid-slachtoffers als vaccin-slachtoffers bijstaan? Er zijn bijna drie keer zoveel gemelde sterfgevallen gekoppeld aan het Covid-vaccin dan aan alle andere vaccins samen sinds start van de registratie — plus meer dan 150.000 ziekenhuisopnames na Covid-vaccins...'

'Oisín: Typisch u om weer te *tellen*. Maar waarom zouden we deze meldingen serieus nemen? Iedereen kan er één indienen. U hebt waarschijnlijk de helft zelf verzonnen!'

'Aluminiumfoliehoed Persoon: Nee hoor — de meeste worden door artsen ingediend en het is eigenlijk een misdaad om een vals rapport te doen.'

'Oisín: Een misdaad om een vals rapport te doen?! Ik zou het een misdaad maken om er überhaupt eentje in te dienen!'

'Aluminiumfoliehoed Persoon: We moeten ook niet vergeten dat één studie suggereerde dat slechts ongeveer 1% van bijwerkingen überhaupt wordt gerapporteerd...'

'Oisín: Laat me raden — uitgevoerd door een "red-de-kinderen-van-de-grote-boze-spuit"-groep?'

'Aluminiumfoliehoed Persoon: Nee, door de CDC.'

'Oisín: Leugenaar, leugenaar, broek in brand!'

'Aluminiumfoliehoed Persoon: Waarom zou ik daarover liegen? De Duitse regering heeft ook net data vrijgegeven dat 1 op 5000 doses een ernstige bijwerking veroorzaakt — ziekenhuisopname. Dat zou toch een zorg moeten zijn en—'

'Oisín: Dus Duitsland is nu anti-vax? Zeker. Ik ben klaar. Interview voorbij.'

Mijn God — heeft u ooit duidelijker bewijs gezien dat

we te maken hebben met paranoïde gekken? Eerlijk gezegd vind ik dat de volgende DSM een nieuwe aandoening moet opnemen: *TFHPD*, oftewel *Tin Foil Hat Personality Disorder* (Aluminiumfoliehoed-persoonlijkheidsstoornis), met duidelijke behandelrichtlijn: *niet behandelbaar, enkel opsluiten*.

Lees even mee wat deze malloot beweerde. Antivaxxers zijn totaal onbekend met het basisprincipe van wetenschap: correlatie is geen causaliteit. Dat tante Marie haar prik krijgt, schuimbekt en een half uur later dood neervalt, betekent niet dat de prik haar dood veroorzaakte. Misschien was haar chocoladekoekje oud. Misschien zat er rattengif in haar tandpasta. Misschien viel ze over haar kat. Wie weet? Conclusies trekken is gevaarlijk. Iets dat kwaakt, waggelt en veren heeft, is heus niet automatisch een eend — het zou zomaar een olifant kunnen zijn.

En eerlijk gezegd twijfel ik eraan dat VAERS-fraude echt strafbaar is. Mijn beeld is dat anti-vaxxers in hun ondergoed valse meldingen tikken, overlijdensberichten doorzoeken, random Facebookposts zien en dan een rapport fabriceren. Misschien vermoorden ze wel een buurman, prikken hem honderd keer, en melden daarna "vaccin-gerelateerd." Dat klinkt mij eerlijk gezegd realistischer in de oren.

Waarom zouden artsen bijwerkingen melden? Artsen die dat doen riskeren baanverlies en disciplinaire maatregelen. Waarom zou iemand dat willen? Precies.

Dus, ik hoop dat u ziet hoe irrationeel VAERS-claims werkelijk zijn. Antivaxxers missen basale kritische denkvaardigheden en geloven dat elke melding betekent dat het vaccin de dood veroorzaakte — het laagste niveau van logica. Maar helaas is dat het soort nonsens waar wij mee te maken hebben.

Maar hoe zouden vaccins ons dan precies moeten

doden? Welnu, volgens antivaxxers op ongeveer 38.000 verschillende manieren. Maar om het simpel te houden — laten we focussen op de populairste mythe van allemaal: dat het vaccin het hart kan beschadigen.

Nee, de Vaccins Zullen U Geen Hartaanval Geven!

Nu geldt hetzelfde punt 'correlatie is geen causaliteit' ook voor het aantal cardiale gebeurtenissen dat in VAERS is geregistreerd. U kunt er gerust van uitgaan dat de 15.751 gemelde hartaanvallen en 50.176 gevallen van myocarditis/pericarditis (per juli 2022) natuurlijk helemaal niets te maken hebben met het vaccin, wat de anti-vaxxers ook mogen roepen.

Maar opnieuw – de gluiperds die ze zijn – suggereren ze graag dat ook hier de wetenschap aan hun kant staat. En als er één paper is die ze blijven zwaaien als een heilige relikwie, dan is het wel het onderzoek van een zekere cardioloog genaamd Dr. Steven Gundry, met de titel 'Observational Findings of PULS Cardiac Test Findings for Inflammatory Markers in Patients Receiving mRNA Vaccines'.

Dus wat deed deze Dr. Gundry precies? Hij keek naar een reeks bloedmarkers (IL-16, oplosbaar Fas en Hepatocyte Growth Factor — ja, nooit van gehoord, ik ook niet!) bij patiënten vóór en na vaccinatie. Waarom? Volgens hem zouden deze markers wijzen op endotheel- en vaatschade en gebruikt kunnen worden om het risico op een hartaanval binnen vijf jaar te voorspellen. Hij vergeleek de waarden vóór twee doses van het vaccin, en opnieuw twee weken en drie maanden ná de tweede prik. En wat vond hij? Dat het risico op een hartaanval over vijf jaar steeg van gemiddeld 11% naar 25% bij de 566 onderzochte patiënten.

De anti-vaxxers riepen meteen dat dit een 'schokkende stijging' was, 'zeer alarmerend' zelfs. Maar laten we eens logisch nadenken: een risico van 25% om een hartaanval te krijgen betekent ook 75% kans om er géén te krijgen. Klinkt voor mij als best redelijke odds. De headline van dit onderzoek zou dus eigenlijk moeten zijn: 'Na Covid-vaccinatie blijven mensen met grote meerderheid vrij van hartaanvallen binnen vijf jaar.'

Daarbovenop twijfel ik persoonlijk sterk aan de bevindingen van meneer Gundry. Als zijn conclusie waar zou zijn, zouden jaarlijkse boosters inderdaad nogal gevaarlijk klinken. Maar dat kan niet waar zijn, want de hoofden van vaccinbedrijven zeggen dat deze vaccins veilig en effectief zijn — en waarom zou ik hén wantrouwen? Met 25% risico na twee prikken, wat zou het dan zijn na prik nummer zeven? 65%? Dan vielen we massaal om als dominostenen. Onzin. Voor mijn gevoel heeft hij deze markers gewoon uitgevonden.

En zelfs als iemand zich zorgen zou maken over een verhoogd risico op een hartaanval na vaccinatie — wat ze dus niet zouden moeten — laten we eerlijk zijn: dezelfde bedrijven die vaccins maken, maken ook hartmedicatie. U bent dus in goede handen.

Dan maar door naar het volgende angstverhaal: hartontsteking. Met name de claim dat jonge mannen een aanzienlijk risico lopen op myocarditis na vaccinatie.

Op internet wemelt het van de Republikeinse moeders die vertellen dat hun kleine lieveling Bubba of Linus het ene moment nog honkbal speelde, en het volgende moment nauwelijks de trap op kon. Maar experts verzekeren ons dat het hier gaat om 'milde' gevallen — zo mild dat het praktisch neerkomt op het medische equivalent van een paracetamolletje. Ik bedoel, wie kent niet een tante of buurman met een beetje milde hartontsteking? Het is bijna folklore. Mijn moeder zou zoiets zeggen als: 'Heeft u gehoord, Oisín, tante Carmel heeft een milde hartontsteking. Ze gaat straks even langs de dokter, samen met haar milde blindedarmontsteking.'

Dus wanneer een studie uit Hong Kong suggereert dat één op de 2700 tienerjongens myocarditis ontwikkelt na hun tweede dosis, en de anti-vaxxers dat een 'alarmerend risico' noemen, moeten we goed begrijpen dat deze jongemannen uiteindelijk meestal volledig herstellen. Sterker nog, je zou kunnen zeggen dat myocarditis voordelen heeft! Ten eerste leren ze 'er een te nemen voor het team' — een levensles die hen nog jaren (hoewel wellicht iets minder jaren dan gepland) zal dienen. Ten tweede zijn tienerharten toch al ontstoken door hormonen, verliefdheid en puberellende — misschien is een pauze wel goed voor ze.

Kortom, nee: het vaccin laat uw hart niet exploderen. Daar mogen we 100% zeker van zijn. Maar één laatste en misschien wel smerigste mythe wacht nog op ontmanteling — de claim dat vaccins de vruchtbaarheid van vrouwen schaden. Geloof me, zelfs na het schrijven van dit boek blijft het verbazingwekkend welke hersenspinsels mensen kunnen produceren. Tijd om die leugen te fileren.

Nee, de Vaccins Zullen Uw Vruchtbaarheid Niet Beïnvloeden! (hooguit maken ze superheldenbaby's)

Nu, deze specifieke mythe komt voort uit zogenaamd interne onderzoeksdocumenten van een toonaangevende vaccinproducent, waaruit zou blijken dat het na vaccinatie gevormde spike-eiwit door het hele lichaam reist en zich met name in de eierstokken ophoopt. Zelfs *als* dit waar zou zijn, kan ik met de beste wil van de wereld niet bedenken waarom dat een probleem zou zijn. Het zou juist betekenen dat baby's vanaf het allereerste begin beschermd zijn en waarschijnlijk NOOIT zelf gevaccineerd hoeven te worden. Dus wat mij betreft is dit alleen maar extra bewijs van de briljante technologie achter deze vaccins... twee voor de prijs van één, om zo te zeggen.

Het enige werkelijk trieste nieuws uit deze documenten was dan ook dat het spike-eiwit níet in de testes werd aangetroffen. Een gemiste kans, als u het mij vraagt. Stel u voor: sperma als geheime Covid-wapenarsenaaltjes! Spike-doordrenkte spermacellen ontmoeten spike-doordrenkte eierstokken, met als resultaat dat overal ter wereld baby's worden geboren als miniatuurlijke virusbestrijdende superhelden, stralend van gezondheid.

Om die reden was ik dan ook diep teleurgesteld toen ik las dat het Europees Geneesmiddelenbureau besloot om meldingen van menstruatiestoornissen na vaccinatie nader te onderzoeken. Ze zouden echt niet zo moeten buigen voor de antivaxxers... het speelt hen alleen maar in de kaart, zoals het gezegde luidt. Misschien moet ik mijn collega-experts bij het EMA simpelweg een exemplaar van mijn boek sturen om hen gerust te stellen.

Hoe dan ook — dat was het wat betreft de vruchtbaarheidsdesinformatie. Als ik terugkijk op dit hele hoofdstuk, is het mij overduidelijk dat iedereen die gelooft dat deze vaccins niet veilig zijn, in een soort 'doolally-land' leeft. De feiten tonen immers aan dat zelfs onze jongsten NUL risico lopen. Daarom hebben regelgevers in landen zoals Australië bepaald dat kinderen vanaf twaalf jaar geen ouderlijke toestemming meer nodig hebben om gevaccineerd te worden. Terecht, al zou die leeftijd naar mijn mening gerust verder omlaag kunnen. Want is het niet zo dat een pasgeboren baby, net als het vanzelf naar de borst zoekt, ook vanzelf naar de spuit zou reiken?

Nou, zo lijkt het mij in ieder geval. Het is duidelijk dat het probleem hier niet in de vaccins zit, maar in de geestelijke gesteldheid van de antivaxxers. Een hypochonder is iemand die zich voortdurend zorgen maakt over zijn gezondheid, zelfs wanneer zijn arts hem vertelt dat alles in orde is en hij gewoon even wat rust moet nemen. En wat, vraag ik u, is dan precies het verschil tussen zo iemand en de zogenaamde 'vaccinatieslachtoffers'?

Ik kan er geen bedenken. Als ik bij mijn arts kom met symptomen van verlamming of hartontsteking, vind ik niets zo geruststellend als zijn verzekering dat het allemaal komt door stress. Maar deze mensen hebben de brutaliteit om dat advies te negeren, online te gaan en hun klachten aan de hele wereld mee te delen. Dat soort aandachtzoekend gedrag is kenmerkend voor aanstellers overal.

En ik kan dit met volle overtuiging zeggen, want de wetenschap laat zien dat de enige echte bijwerking van deze vaccins hooguit een beetje gevoeligheid op de prikplek is. Álles daarbuiten is simpelweg een vleugje hypochondrie.

Bijvoorbeeld:

- Oncontroleerbaar trillen en toevallen? Angst geeft mensen nu eenmaal rillingen.
- Hartklachten? Angst laat harten altijd sneller slaan.
- Blaasproblemen? Angst maakt dat men vaker moet 'widdelen'.
- Verlamming? Angst kan verlammen, dat weet toch iedereen.

- Niet kunnen lopen? Angst maakt benen van pudding.
- Overlijden na het vaccin? Iedereen weet dat angst u het leven kan kosten.

En soms, als men echt angstig is — zoals deze anti-vax hypochonders — hebben ze al deze klachten tegelijk. Typisch.

Hoe dan ook, we hebben nu de meest voorkomende mythen over de vermeende gevaren van de Covid-vaccins doorgeprikt. U weet nu precies hoe u een van deze gekkies kunt pareren als ze beginnen over 'risico's', VAERS-grafieken of de hartaanvallen waarvan zij beweren dat ze massaal voorkomen (zoals bij voetballers — die uiteraard gewoon neervallen omdat ze na twee jaar bankhangen totaal onfit zijn).

Waar gaan we hierna heen? Wel — gezien hun angstige aard zal het u niet verbazen dat antivaxxers ook fervente pillenslikkers zijn. Geen echte medicijnen natuurlijk... ik bedoel het nieuwste wonder-supplement dat net in hun reformzaak ligt. Ze geloven ongetwijfeld dat het hun aura's reinigt of iets van die strekking. En met diezelfde gretigheid slikken ze alles wat zogenaamd helpt tegen een Covid-infectie. Zo hebben ze uiteindelijk hun eigen Covid-kwakzalverskastje opgebouwd, zoals we nu gaan zien...

10

HOOFDSTUK NEGEN: KWAKZALVERIGE COVID-GENEESMIDDELEN

Eén van de aspecten die me het meest sprakeloos maakt aan Covid-ontkenners is dat zij — ondanks het feit dat hun desinformatie over vaccins talloze doden veroorzaakt — óók beweren dat zij levens willen redden van Covid, net zoals wij. (Ik weet het... je zou het niet kunnen verzinnen!) Maar welke zogenoemde Covid-'geneesmiddelen' komen ze dan mee aanzetten? Nou, het zal u niet verbazen: het is de gebruikelijke gedachteloze cognitieve diarree die we van deze lui mogen verwachten. En om dit hoofdstuk goed af te trappen, beginnen we met iets dat (klap klap) hun hele benadering (klap klap) perfect belichaamt (hiii! hiii!): hun onwrikbare liefde voor — jawel — Ivermectine!

Ivermectine (omdat Covid je duidelijk wormen geeft! En je verandert in een paard... Het intellectuele niveau van deze mensen!)

Laatst belde mijn buurvrouw Máire. 'Oisín,' fluisterde ze, 'heb je gehoord dat Ivermectine Termonfeckin heeft bereikt? Die oude schapenboer Séamus heeft een voorraad ingeslagen — hij zegt dat het hem zal helpen om het China-virus te bestrijden. Kun jij hier iets aan doen voordat anderen hetzelfde gaan denken?'

'Maar natuurlijk, Máire — bedankt dat je me waarschuwt!'

Drie dagen later publiceerde ik een exposé over Séamus als hoofdartikel in *The Termonfeckin Tribune*:

> **Termonfeckin-tragedie afgewend nu volslagen domme lokale schapenboer ontmaskerd is!**
>
> Séamus O'Shaughnahoy, al vier decennia schapenboer, is door die Gardaí aangetroffen met twaalf pakjes Ivermectine: een ontwormingsmiddel voor paarden waarvan complotdenkers beweren dat het Covid geneest.
>
> In voorlopige hechtenis wacht Séamus op zijn proces wegens complotdenken en grove domheid. The Termonfeckin Tribune kreeg toegang tot hem in zijn cel.
>
> TT: Séamus, ben je niet een complete idioot om in dit soort onzin te trappen?
>
> **Séamus:** Het is geen onzin, en ook geen paardenmiddel. Het is een Nobelprijs-winnend geneesmiddel dat succesvol is hergebruikt voor Covid en—
>
> TT: De enige prijs die hier iemand krijgt, ben jij — de Termonfeckin Dikke Nek Award, omdat je zo leeg bent tussen de oren.
>
> **Séamus:** Nee, echt! Het heeft anti-Covid-effecten laten zien, en het is met succes gebruikt in Mexico en India—
>
> TT: Luister naar jezelf! Je praat alsof je een expert bent. Het is een paardenpil, jij idioot. Verwacht je dat het zelfs je schapen zal redden?

Ik was enorm tevreden dat ik zo mijn burgerplicht had

gedaan en een ramp in mijn woonplaats had voorkomen. Maar ergens achterin mijn hoofd knaagde toch een vraag: waar had hij het in hemelsnaam over met Mexico en India? Zijn ze daar werkelijk zo mentaal wankel dat ze in dit klusjesmiddel geloven? Dus ben ik gaan graven — en wat ik vond was weer uitstekend materiaal om mythes te ontkrachten.

Allereerst Mexico. Séamus verwees blijkbaar naar een studie van het Mexicaanse Instituut voor Sociale Zekerheid, geleid door ene Cesar Raul Gonzalez-Bonilla. Deze Gonzalez-Vanilla besloot om Covid-patiënten in Mexico-Stad een 'thuisbehandelingspakket' te sturen — met onder andere een kuur Ivermectine — en dit te vergelijken met een groep zonder pakket. Er werden 28.048 mensen gevolgd. Resultaat: 11,71% van de *niet-Ivermectinegroep* werd opgenomen in het ziekenhuis, tegenover 6,14% in de *Ivermectinegroep.*

Ik weet wat u denkt... waren dit mensen of paarden? Dat was ook mijn eerste vraag. Helaas kon ik daar in de studie nergens een antwoord op vinden.

Maar impliceert dit nu dat Ivermectine werkt? Misschien zijn de extra vijf procent die niet in het ziekenhuis belandden gewoon hinnikend door de buurt gegaloppeerd richting de dichtstbijzijnde psychiatrische instelling. Ik weet het niet — maar het lijkt me op zijn minst mogelijk. Totdat zulke kwesties opgehelderd zijn, zou ik persoonlijk weinig waarde hechten aan het werk van Dr. Gonzalez-Gorilla.

Dan India — of preciezer: Uttar Pradesh, dat volgens het internet een cultstatus heeft onder mensen zonder enig kritisch denkvermogen.

Wat is daar gebeurd? Het gezondheidsdepartement van Uttar Pradesh gaf zorgmedewerkers vroeg in de pandemie preventief Ivermectine. Volgens surveillance-officier

Agrawal kreeg niemand Covid, ondanks dagelijks contact met besmette patiënten. Nou, dat is dan pure mazzel. Maar op basis van dat geluk durfden ze vervolgens een *staatsbreed Ivermectineprogramma* te introduceren! Nauwe contacten, zorgpersoneel, Covid-gevallen — iedereen moest Ivermectine slikken in een 'profylactisch en therapeutisch programma'.

Hun woordkeuze alleen al verraadt hoe ernstig beperkt hun competentie is. Wanneer je al moeite hebt met het alfabet, is het maar een kleine stap om te denken dat Ivermectine je niet alleen geneest, maar je ook in staat stelt je vervolgens schaamteloos uit te leven. Waar is de moraal? Sinds wanneer is het de rol van een gezondheidsdepartement om mensen impliciet aan te moedigen zich als konijnen (of paarden) voort te planten?

En dan hun zogeheten resultaten. Agrawal vervolgde: 'Ondanks dat we de grootste staat zijn met een hoge bevolkingsdichtheid, hebben we een laag positiviteitspercentage en weinig gevallen per miljoen inwoners.' Op het moment van schrijven (april 2022) had Uttar Pradesh, met 204 miljoen inwoners, 23.494 sterfgevallen, terwijl Kerala, met slechts 35 miljoen inwoners, er 67.772 had. Klinkt indrukwekkend... tenzij je bedenkt dat iedereen hoogstwaarschijnlijk binnen zat te paren in plaats van elkaar te besmetten. Dan verklaart het zichzelf.

Hoe dan ook — ik weet nu wat ik Séamus zal zeggen zodra zijn straf erop zit. Hij moet ophouden met onderzoek naar pandemie-aanpakken in het buitenland. Het misleidt hem alleen maar en rooft het weinige mentale vermogen dat hij nodig heeft om schapen te scheren.

Ten slotte was er nog een recente studie die het Ivermectine-vraagstuk voor eens en voor altijd beslechtte. Door een enorme Amerikaanse database te analyseren werden sterftecijfers vergeleken tussen Ivermectine-gebruikers en mensen die het super-deluxe door de overheid goedgekeurde Remdesivir kregen. De titel zegt alles: *'Behandeling met Ivermectine is geassocieerd met verhoogde mortaliteit bij Covid-19-patiënten: Analyse van een Nationale Federatieve Database'*. Zo. Klaar. *Losers.*

Ivermectine is het kroonjuweel van het anti-vaxxerdenken over Covid-behandeling. En je zou denken dat het niet nóg erger kan worden — maar hun overige ideeën zijn zelfs nog minder indrukwekkend. Ivermectine is tenminste nog een medicijn (zelfs al is het voor paarden). De rest van hun ideeën behoort tot het rijk van alternatieve geneeskunde… beseffen ze niet hoe ernstig Covid is? Klaarblijkelijk niet. En dus gaan we door naar…

Het Vitamine D Debacle!

Natuurlijk, als je erover nadenkt, is het geen verrassing dat de Covid-ontkenners zich vastklampten aan een dierenpil als hun belangrijkste Covid-behandelingsoptie… ze zijn immers niet bepaald de slimsten. En hun volgende 'oplossing' voor Covid gaat eigenlijk gewoon vrolijk verder op dat thema. Covid-ontkenners zijn dol op natuurlijke gezondheidsremedies en supplementen (het is waarschijnlijk slechts een kwestie van tijd voordat ze met een *Colonic Covid Cleanse* komen). Dus het verbaasde me totaal niet dat ze maar bleven zeuren over een van de goedkoopste supplementen die er bestaan — Vitamine D.

Oh, Vitamine D geeft je immuunsysteem een boost en dat is toch goed voor Covid, enzovoort, enzovoort.

Luister, kwakzalvers — de enige booster die je immuunsysteem nodig heeft, is je **17e prik.** Punt. Vitamine D is onzin, en dat zal ik nu laten zien.

Toen ik online zocht naar verbanden tussen Vitamine D en Covid-uitkomsten, struikelde ik over honderden artikelen die beweerden dat lage Vitamine D-niveaus leiden tot hogere sterfte aan Covid. Maar ik heb eerlijk gezegd geen geduld om zo veel 'onderzoek' van extreemrechtse wetenschappers door te ploegen. Dus één voorbeeld is genoeg. Een Duitse studie keek naar Vitamine D-niveaus bij Covid-patiënten op de intensive care of overleden aan Covid, en beweerde dat lage D-patiënten:

– 15x meer kans hadden om naar de IC te moeten,

– 6x meer kans hadden om te sterven.

Nu, als je mentaal beperkt bent, zou je denken dat regeringen iedereen zouden moeten verplichten Vitamine D te slikken — goedkoop, veilig, levensreddend, blablabla.

Maar **niet zo snel!**

Zouden we echt willen dat de Staat bepaalt wat we in ons lichaam stoppen? Weten we überhaupt wat er verder in die supplementen zit? Voor je het weet krijgen we een pandemie van *Vitamine D for Vitamine Doom®*. En hoe ga je het handhaven? *Laat uw Vitamine D-pas zien alstublieft.* Volslagen waanzin. Daarom maakt het niet uit wat die studies zeggen — de implicaties zijn totaal onuitvoerbaar en dus waardeloos.

En eerlijk? Ik betwijfel of Vitamine D überhaupt een rol speelt.

Sterker nog — er bestaat een studie uit mijn eigen land: *Vitamine D en Ontsteking: Potentiële Implicaties voor de Ernst van Covid-19*. Die vergeleek Covid-uitkomsten op basis van Vitamine D tussen noordelijke landen met weinig zon en zuidelijke landen met veel zon. (Interessant genoeg hadden Scandinavische landen hogere Vitamine D ondanks minder zon, waarschijnlijk vanwege verrijkte voeding.)

Hun conclusie:

'Tegenintuïtief hadden zonnige landen zoals Spanje en Italië lage gemiddelde 25(OH)D-niveaus en hoge sterfte. Noordelijke landen (Noorwegen, Finland, Zweden) hadden hogere Vitamine D en lagere sterfte.'

Klinkt alsof Vitamine D levens redt, toch?

Maar wacht — mijn **deskundige analyse:**

Misschien is het helemaal niet de Vitamine D. Misschien is het **zonlicht zelf** dat mensen doodt. Minder zon → minder sterfte. Dus wat de studie eigenlijk aantoont is dit:

Zonlicht veroorzaakt Covid-doden.

Eerst gaf het kanker, en nu dit. Moeten we nog twijfelen waarom overheden ons binnen hielden? Geniaal beleid dus — binnen blijven = veiliger. Mondkapjes helpen zelfs extra door zonlicht te blokkeren. Dat is wetenschap, mensen.

Dus als afsluitend advies over Vitamine D:

volg de wetenschap en BLIJF binnen.

Maar goed, er is nog tijd voor één laatste kwakzalverige anti-vax Covid-kuur. Nog absurder dan paardenpasta en zonneschijn in pilvorm. Want wat zou minder wetenschappelijk kunnen zijn dan het idee dat **voeding** invloed heeft op ziekte?

Niet veel. Dus laten we nu deze volgende hilarische grap ontleden...

Niemand Zal Mij Mijn Recht Om IJs Te Eten Afnemen!

Er zijn weinig dingen in het leven die me gelukkiger maken dan ijs, bij voorkeur gevuld met koekjesdeeg en klodders chocoladetaart. Sterker nog, ik zit er nu wat van weg te lepelen en het is werkelijk goddelijk.

Is er iets onschuldiger dan zulke genoegens? En toch willen sommige complottheoretici ons doen geloven dat het eten van deze suikergeladen bergen geluk ons eerder doet sterven aan Covid! Goede God, praat over angstzaaiers en doemprofeten... alsof zulke bronnen van vreugde zoiets ooit zouden kunnen doen! Het zegt veel over hun mentaliteit dat, terwijl wij een heldhaftige daad van zelfbehoud stellen door binnen te blijven en chocoladetaart te bakken, zij beweren dat we beter gezond kunnen eten en naar buiten gaan voor frisse lucht. Praat over totaal ontspoorde levensprioriteiten.

Laten we dit krankzinnige idee dat leefstijlinterventies deel moeten uitmaken van de Covid-aanpak van regeringen nu eens en voor altijd begraven. We zullen beginnen – zoals altijd – met het ontmantelen van het soort 'bewijs' waar complotdenkers zich zo graag op beroepen.

Één voorbeeld komt uit een Tulane University-studie, gepubliceerd in Diabetes Care. Die stelde dat mensen met 'metabool syndroom' – een term waar ik nog nooit van had gehoord – 3,4 keer meer kans hadden om te sterven aan Covid en vijf keer meer kans hadden om op de intensive care terecht te komen. Dit had volgens de auteurs iets te maken met hoe deze aandoeningen Covid waarschijnlijk helpen om via iets dat de ACE-2-receptor heet het lichaam binnen te komen. Ook dat had ik nog nooit gehoord.

Waar moet je beginnen met zoiets? Ten eerste is dit pure 'maat-discriminatie' en pesterij van onze molligere medemens. Het duurt al lang voordat dikke mensen hun prachtige omvang leren waarderen en accepteren – en dan komen dit soort studies die suggereren dat overgewicht ongezond is. Schaamteloze stereotypering! Waarom pesten de onderzoekers niet iemand van hún eigen formaat?

Ten tweede: wat impliceren ze hiermee? Dat mensen

zouden moeten worden aangemoedigd om minder chocolade, taart en chips te eten en meer vis en groenten? Het idee dat een overheid zich zo zou bemoeien met het privéleven van burgers vind ik ronduit afschuwelijk én een aanval op de meest fundamentele vrijheden. Als er één ding zeker is in het leven dat geluk brengt, dan is het ijs – en geen enkele overheid zal mij OOIT verbieden om er zoveel van te eten als ik wil. En als ze dat proberen, dan sta ik samen met medestrijders van Ben & Jerry's op het plein. Niet te actief natuurlijk – maar we zouden zeker het centrum blokkeren met auto's en luid toeterend onze onvrede uiten.

En eerlijk, het duurt eeuwen om gezondheidsproblemen om te keren – áls het al mogelijk is. Want deze dwazen wijzen dan op wéér een studie, bijvoorbeeld uit Italië: 'Midden- en Langetermijneffect van een Zeer Koolhydraatarm Ketogeen Dieet op Cardiometabole Factoren'. Daarin volgde men 377 mensen een jaar lang op een koolhydraatarm dieet en men zag verbeteringen in gewicht, bloedsuiker, bloeddruk, lipiden en glucosemetabolisme. Tja. In een tijdperk van nepnieuws lijkt zo'n studie uit het land van pizza en pasta mij vooral verdacht. Maar zelfs áls al die parameters verbeterden – wat met de mentale gezondheid van deze arme zielen zonder tiramisu en panettone? Misschien had de paper moeten heten: "377 mensen vielen af maar kampen nu met ernstige depressie door tiramisutekort." Dát zou pas relevant zijn.

Zelfs de Phinney & Volek-studie, waarin 147 van 262 diabetespatiënten hun ziekte omkeerden in 10 weken, bewijst niets. Tien weken is krankzinnig lang – vooral als je in drie minuten een booster kunt laten zetten en maandenlang klaar bent. Dat ritje naar het vaccinatiecentrum verbrandt bovendien calorieën – één booster = cardio + levensreddende prik. Sommige Amerikaanse staten boden zelfs gratis snoep en cake bij vaccinatie. Dat was, als je het mij vraagt, veel effectiever overheidsbeleid dan groentenpropaganda. Zie je wel, Covid-ontkenners: dát is een voorbeeld waar cake de gezondheid bevordert!

En dus – vergeef me – ik heb nog een bak ijs om te verorberen.

11

HOOFDSTUK TIEN: DE GROTE RESET (OF 'HET BROODNODIGE PLAN OM DE MENSHEID VAN ZICHZELF TE REDDEN')

Nou, mijn beste lezer, we zijn bijna aan het einde van dit boek gekomen. Het was nogal een rit, nietwaar? Ik heb er in ieder geval enorm van genoten om het te schrijven. Ik heb met bijzonder veel vreugde de meest prominente anti-vaxmythen ontleed en hopelijk hebt u net zo genoten van het zien instorten van die wankele argumenten als ik van het neerhalen ervan.

Maar we zijn nóg niet helemaal klaar... Nee, inderdaad: je hoeft maar even door de Twitter-feed van een Covid-complotdenker te scrollen om beschuldigingen te vinden over de vermeend snode plannen van het World Economic Forum (WEF) en hun 'Great Reset'-agenda. Volgens sommigen zou het WEF via een wereldwijd netwerk van oud-leden – die nu presidenten en premiers zijn – een dystopische toekomst willen invoeren met digitale ID's, sociale kredietscores en totale controle door elites. Covid-19 als Covid-1984, zogezegd.

Klinkt gek, toch?

Dus: tijd voor onze laatste mythe-ontmanteling!

Klaus Schwab: Een wijze Swami voor onze tijd

Als het over de 'Great Reset' gaat, richten anti-vaxxers hun pijlen vooral op Klaus Schwab, het hoofd van het WEF. Jarenlang, beweren zij, heeft hij wereldleiders beïnvloed met zijn ideeën over de 'Vierde Industriële Revolutie' via de jaarlijkse bijeenkomsten in Davos en het 'WEF Young Leaders'-programma. Weinig complotdenkers hebben de clip níét gezien waarin hij trots vertelt hoe veel van zijn afgestudeerden premiers zijn geworden (waaronder mijn persoonlijke poster-helden: Justine Trudy, Jacinda Ardern, Angela Merkel en Emmanuel Macron – stuk voor stuk absolute Covid-kampioenen). In de video zegt hij dat het programma erin slaagde om 'kabinetten te penetreren', wat samenzweringsfans natuurlijk interpreteren als ideologische infiltratie. Maar eerlijk, dat klinkt toch eerder als onschuldig kleedkamergebrabbel over viriele prestaties? De man zorgt duidelijk goed voor zichzelf. En als ik (een vrouwelijke leider, uiteraard) in Davos een paar glazen bubbels op had, dan weet ik niet of iemand me zou kunnen tegenhouden...

Hoe dan ook, het idee van een kwaadaardige 'Great Reset' – heb je ooit iets krankzinnigers gehoord? Daarom dacht ik, toen ik op Amazon het boek *Covid-19: The Great Reset* zag, dat het vast door een complotdenker geschreven moest zijn. Maar nee – auteur: Klaus zelf. Misschien was het satire? Een meesterlijke parodie op antivaxxers? Maar na lezing bleek het een serieus werkstuk vol ideeën hoe de wereld opnieuw vormgegeven moet worden na Covid.

Ik stelde mezelf vragen. Waarom dezelfde term gebruiken als complotdenkers hem beschuldigden te hebben bedacht? Waarom een agenda voor een nieuwe wereld schetsen als dat precies was waarvan hij beschuldigd werd? Was hier méér aan de hand?

Maar nee, zo besloot ik uiteindelijk met volstrekte zekerheid: wij – mensen als Klaus en ik – zijn de goeden. Natuurlijk moet de wereld worden heringericht. En hoe langer ik las, hoe duidelijker het werd dat Klaus geen duister complot ontwerpt, maar eerder optreedt als een Boeddha of Jezusfiguur die een routekaart aanbiedt naar een betere wereld. Een wereld waar duurzaamheid uit onze oren komt en waar we baden in welzijn. Anti-vaxxers willen dat niet – ze houden van chaos, brandende klimaten en hun muffe oude wereld.

Klaus schrijft in hoogdravende taal – eerlijk, ik kan zijn majesteuze ideeën nauwelijks recht doen. Maar gelukkig biedt het WEF tegenwoordig korte video's waarin de kernpunten eenvoudig worden gepresenteerd. Eén video veroorzaakte enorme opschudding onder anti-vaxxers vanwege de zin: *"In 2030 zult u niets bezitten en gelukkig zijn."* En natuurlijk werd dit aangehaald als "bewijs" voor tirannie. Alsof het erg is dat *iemand* wil dat wij gelukkig zijn! Echt sinister... of juist helemaal niet. Als iemand een manier heeft gevonden om ons permanent gelukkig te maken, lijkt het mij verstandig om te luisteren, toch?

En hoe bereik je dat geluk? Door niets te bezitten, uiteraard. Filosofisch gezien is het glashelder:

Veel bezitten → ongelukkig

Middelmatig bezitten → matig ongelukkig

Weinig bezitten → licht ongelukkig

Niets bezitten → dolgelukkig

Aristoteles zou trots zijn.

In plaats van bezit hebben we straks toegang tot alles als 'dienst', geleverd door grote bedrijven die wél alles bezitten. Dat betekent dat zij – de enige eigenaren – extreem ongelukkig moeten zijn. En dát toont juist hun onzelfzuchtigheid: ze offeren hun eigen geluk vrijwillig op zodat wij in permanente blije euforie kunnen leven. Een altruïsme dat Plato, Confucius en Lao-Tzu achterlaat als amateurgeluksdenkers.

Wist u dat Klaus zijn boek al vier maanden na de pandemie publiceerde? Zijn visionaire snelheid alleen al is het bewijs dat hij een lichtend wezen is. Sommigen vergelijken hem met een Bond-schurk, maar ik zie een vriendelijke Kerstman-achtige figuur. Mijn koosnaam voor hem is dan ook 'Santa Klaus'. Ik zie hem zo zitten in een rood kostuum, kinderen op schoot, en vragen welk boostercadeautje ze wensen.

Goed – weg met het dystopieverhaal. De Great Reset is iets om te verwelkomen. En terwijl Klaus grootse plannen heeft, wil ik graag een paar ideeën toevoegen om de mensheid naar een gouden tijdperk te leiden. Herinnert u zich dat ik in het begin sprak over een grote *ejaculatie* van ideeën? Welnu, het is tijd.

De Grote Termonfeckin Ejaculatie

Heb ik niet gelezen dat Bill Gates een boek schreef over pandemiepreventie? En dat de WHO een mondiaal pandemieverdrag wil? In die geest presenteert het Termonfeckin Institute of Expertise nu vijf briljante aanvullende punten om de mensheid richting utopie te leiden. Dus, zonder verder oponthoud...

De Grote Termonfeckin Ejaculatie

1. We hebben nu klimaatlockdowns nodig!

Ik hou van panda's. Ik hou van koala's. Ik hou van chiazaad en ik hou van boerenkool. Maar ik erken dat niet iedereen zo milieubewust is als ik en daarom stel ik voor dat mensen gedwongen moeten worden om het juiste te doen om klimaatverandering te voorkomen, of ze nu willen of niet. En, net als met alles wat uiteindelijk beter is voor iemand, zullen ze hun nieuwe manier van leven in een mum van tijd omarmen. Gojibessen en geactiveerd bijenpollen als ontbijt, nepvlees en boerenkool als lunch en insecten op de BBQ als avondeten, wat is er niet leuk aan?

Evenzo moeten we vlees verbieden bij schoolmaaltijden. Ter wille van onze planeet moeten we onze kinderen aanmoedigen om ethische engeltjes te zijn en daarom moeten we hen informeren dat voor elke hap vlees die ze eten, een klein meisje in Afrika sterft aan klimaatverandering.

Natuurlijk moeten kinderen soms op creatievere manieren worden overtuigd, vooral degenen die, om welke vreemde reden dan ook, best van de smaak van vlees houden. Maar dit is het punt: er is niets waar kinderen meer van houden dan scheten laten. Het is volkomen hilarisch en brengt ze al snel aan het lachen. Dus laat ze bergen linzen en bonen eten en vertel ze dat ze zoveel mogelijk van de gasvormende effecten moeten genieten. En zodra hun gegiechel is afgenomen, grijp dan de gelegenheid aan om de belangrijke boodschap over te brengen dat hoe minder koeien worden gefokt voor de slacht, hoe minder koeienscheten in de atmosfeer worden uitgestoten en dat de meelevende en groovy leuke maaltijdkeuze die ze zojuist hebben gemaakt positief heeft bijgedragen aan een netto reductie van methaanuitstoot.

Kortom, een van de beste neveneffecten van Covid-lockdowns was de drastisch lagere niveaus van vervuiling, zowel op de wegen als in de lucht. Vanaf nu moeten we het gebruik van privéauto's rantsoeneren, zo niet volledig beperken, en precies controleren wat mensen eten, opdat onze planeet niet explodeert door de ophoping van CO_2. Tijd is van essentieel belang. Weet u, het idee van een digitale valuta van de centrale bank zou erg handig kunnen zijn voor klimaatlockdowns... mensen kunnen een bepaalde benzine- of vlees"toelage" krijgen. Eén biefstuk per maand en niets meer, zoals meneer Biden zelf suggereerde, net zo'n boegbeeld voor de neurologische effecten van een dieet met weinig vlees als je maar kunt vinden. Lockdowns zijn een wonderbaarlijk adaptief maatschappelijk beleid en we moeten ervoor zorgen dat we het gebruik ervan niet puur beperken tot Covid... en dus spoor ik wereldleiders overal aan om er dringend gebruik van te maken om de planeet te redden!

2. Vertel ons alstublieft gewoon wat we moeten doen

Wie van ons lijdt er niet aan een vleugje van de oude existentiële angst? Voor mij werd dit volledig genezen door de pandemie. Ik bedoel, er is niets zoals een regering die ons thuis opsluit op straffe van arrestatie met het bevel om Netflix te kijken en afhaalmaaltijden te bestellen om die angst in een oogwenk op te lossen. Zulke scenario's geven orde, betekenis en doel aan ons leven, waar dat voorheen ontbrak. Viktor Frankl, eet je hart op... in de 21e eeuw komen de antwoorden op de diepste levensvragen kant-en-klaar. Denk eens aan de bespaarde therapiekosten!

Dus we hebben hier meer van nodig in de toekomst, alstublieft. Het leven is al moeilijk genoeg zonder te hoeven uitzoeken wat het allemaal betekent. En afhaalmaaltijden zijn sowieso heerlijk.

3. We zijn allemaal zorgzamer en meelevender dan we dachten

Herinnert u zich nog hoe we tot een paar jaar geleden allemaal dachten dat we eenzamer waren dan ooit, meer geïsoleerd dan ooit, verstoken van menselijk gezelschap en levend in een zinloze, kapitalistische wereld die al zijn prioriteiten op zijn kop had staan?

Oh, wat heeft Covid alles veranderd! Inderdaad, wie van ons heeft niet gevoeld, toen we ons twee weken lang zelf isoleerden, of toen we uit het raam keken naar lege straten: "We zitten allemaal in hetzelfde schuitje... we doen dit voor elkaar." Oh, Maggie Thatcher, er bestaat inderdaad zoiets als een samenleving! Ik wed dat Covid je in je graf doet omdraaien.

En dit medeleven heeft bewezen een overdraagbare vaardigheid te zijn. Inderdaad, toen ik voor het eerst hoorde van de zich ontvouwende tragedie in Oekraïne, schilderde ik mijn huis geel & blauw om iedereen te laten zien hoeveel ik om hun benarde situatie geef (wat trouwens heel veel is).

En zodra ik hoorde dat er vluchtelingen zouden komen, nam ik contact op met mijn plaatselijke autoriteiten om te zeggen dat ik logeerkamers beschikbaar had. En gisteren kwamen Olga en haar tienerzoon, Igor, aan. Het enige kleine probleem was dat ze zeiden dat ze ongevaccineerd waren, waarop ik de opvang belde om te vragen of ik kon ruilen, maar mij werd verteld dat ik het ermee moest doen. Ik stelde Olga toen voor dat ze misschien overwegen om zich te laten vaccineren, alleen de eerste twee prikken, ze kon de drie boosters weglaten als ze wilde, maar ze antwoordde "Niet over mijn lijk! We ontsnappen aan totalitaire leiders en hun dictaten, hartelijk dank" en woorden van die strekking, om eerlijk te zijn liep het allemaal een beetje uit de hand. Hoe dan ook, het werd vrij duidelijk dat ze er niet voor in waren, maar gelukkig hebben ze ermee ingestemd om een paar weken in hun kamers te blijven terwijl ik probeer ze te herplaatsen.

Hoe dan ook, mijn punt is dat het eigenlijk geen verrassing zou moeten zijn dat we tegenwoordig allemaal vol zijn van de melk van menselijke vriendelijkheid. Ik bedoel, hebben we niet allemaal ethische principes door onze aderen stromen? Voorbij zijn de tijdperken van discriminatie, segregatie of van mensen dwingen dingen met hun lichaam te doen die ze niet willen doen. Mijn lichaam, mijn keuze. Het verbaast me echt niet dat de misdaden tegen de menselijkheid die door de antivaxxers zijn gepleegd, hebben geleid tot wijdverspreide steun onder de weldenkenden onder ons voor verplichte vaccinatie en voor het zo ver mogelijk weghouden van deze gekken van de rest van ons. Ik wed dat zelfs als we ze vasthielden en ze met geweld injecteerden, ze nog steeds geen greintje dankbaarheid zouden uiten voor de duidelijke gezondheidsvoordelen die dan zouden optreden. Een ware plaag, die hele groep.

4. De informatieoorlog is de helft van de strijd

We hebben zoveel geluk dat we in deze tijd leven. Stel je voor dat Covid 300 jaar geleden was gebeurd. De uitbraak in Wuhan zou waarschijnlijk pas twee maanden later in The Times zijn gemeld en dan ongetwijfeld slechts in een klein nieuwsbericht onderaan pagina 7. En tegen die tijd zou het virus Londen al hebben bereikt, waar artsen ongetwijfeld zouden denken dat het slechts een slecht griepjaar was. Iedereen zou gewoon doorgaan met zijn leven, totaal onbewust van het dodelijke gevaar. Onwetendheid is in dat geval beslist géén zaligheid.

En in verre uithoeken – de Amerikaanse vlakten, de Maya-jungles, de Andes – had niemand er ooit van gehoord. Pastoralisten in Tanzania zouden geiten blijven hoeden, geheel onwetend van het fatale risico voor henzelf en hun geiten.

Kunt u zich iets gruwelijkers voorstellen? Zo'n wereld is de dystopie der dystopieën.

Dus we moeten dankbaar zijn dat regeringen en techbedrijven ons voortdurend konden informeren: dagelijkse doden, besmettingen, maatregelen en natuurlijk hoe we erover moesten denken. Ik kan me de naam niet herinneren van de denker die ooit zei dat er niets zo effectief was als een radio in elk huishouden om mensen een bevel onmiddellijk te laten opvolgen, maar hij was duidelijk een scherpe geest. Dus – proost op de steeds hechtere fusie tussen Big Tech en de overheid! Hoera, hoera, hoera!

5. We moeten vanaf het begin harder optreden tegen anti-vaxxers

Ik weet niet hoe het met u zit, maar ik vond het ronduit afschuwelijk om te ontdekken hoeveel aluminiumhoedjes er toch onder ons rondlopen. Waarom zijn deze mensen nooit streng gemonitord? Waarom worden terroristen wel gevolgd maar anti-vaxxers niet? Terroristen doden af en toe een paar mensen; anti-vaxxers miljoenen. Wie is dan het echte veiligheidsrisico?

Minimaal moeten anti-vaxxers onder toezicht staan –

net zoals andere extremisten. Maar eerlijk? We moeten veel verder gaan.

Mijn belangrijkste aanbeveling: maak het dragen van aluminium hoedjes verplicht in het openbaar. Zodat normale burgers weten afstand te houden. Niet alleen om gevaarlijke aerosolen te vermijden, maar ook om te voorkomen dat men wordt besmet met hun ideeën – je weet maar nooit of cognitieve waanzin besmettelijk is.

Daarnaast pleit ik voor speciale kampen waar vrijwillig ongevaccineerden tijdens pandemieën mogen verblijven en elkaar vrij kunnen infecteren. County Offaly lijkt me een uitstekende locatie. Eindelijk een nuttige bestemming voor dat gebied! Een definitieve oplossing, zou men kunnen zeggen.

Nu kent u de vijf kernpunten van De Grote Termonfeckin Ejaculatie — stuk voor stuk dringend noodzakelijk. Want Covid is niet verdwenen en nieuwe pandemieën loeren al. Monkeypox bijvoorbeeld – we hebben dringend vaccins en gezondheidsbewijzen nodig, inclusief bewijs dat men geen aap is. Laatst zag ik een man aan de rand van Termonfeckin brullend naar zichzelf staren: waarschijnlijk 's werelds eerste geval van Donkeypox.

Hoe gevaarlijk de wereld ook wordt, ik kijk de toekomst met vertrouwen tegemoet – dankzij de visionairs die ons leiden. Inderdaad, slechts gisteren had ik de prachtigste droom over onze collectieve toekomst...

Oisín's Droom van de Toekomst: De Wereld in 2030

Kijk, ik weet dat praten over al die anti-vax onzin soms waarschijnlijk een beetje deprimerend was, maar ik wil dit boek echt op een positieve noot eindigen. Inderdaad, simpel gezegd, geloof ik dat er zoveel is om naar uit te kijken. Mijn zegeningen tellen voordat iemand er een bijl in zet, is altijd een van mijn favoriete bezigheden geweest en ik ben de laatste tijd zo over het algemeen dolgelukkig geweest dat zelfs mijn onderbewustzijn ermee bezig is geweest. Inderdaad, ik had de andere avond de meest prachtige droom. Het geeft me nog steeds kippenvel als ik eraan denk. Ik wil het hier vastleggen als een profetische weergave van de wereld in 2030, een weergave waarvan ik hoop, bid en geloof dat die uit zal komen...

"Het is vroeg in de ochtend en ik ben net wakker geworden. Zoals altijd praat ik het liefst meteen 's ochtends met mijn lieve vrouw, er gaat niets boven zoete woordjes fluisteren en dromen delen over dit en dat terwijl de roze voeten van de dageraad boven de stad oprijzen. En dus open ik meteen Zoom en bel haar op.

'Assumpta, liefste, hoe gaat het daarboven op zolder?'

'Ach, zeker, het is geweldig, Oisín. Je zou denken dat je er na een jaar moe van zou worden, maar er is altijd wel een spinnenweb schoon te maken en je ziet de berg truien die ik heb gebreid achter me.'

'En je verveelt je helemaal niet, liefste?'

'Zeker niet. Ik mean, we moeten allemaal ons steentje bijdragen en als de experts zeggen dat we allemaal in aparte kamers moeten blijven om de curve af te vlakken, dan is dat precies wat we moeten doen, nietwaar?'

'Die curve zal op een dag worden afgevlakt, Assumpta, en wat een dag zal dat zijn!'

'Oh, het zal de vlakste curve ooit zijn, mijn liefste! Ik kan niet wachten... oh wacht, het is 8 uur 's ochtends, is er nu geen aankondiging van onze Wereldleider voor het Leven?'

'Oh, zo is het! Goed onthouden, ik zet de radio nu aan.'

En zo gaan we nu live naar Zwitserland waar onze glorieuze Wereldleider voor het Leven het Keltische Eilanden Protectoraat toespreekt.

'Goedemorgen, mijn kleine schapen. Hoe gaat het vandaag met jullie? Ik heb zo'n prachtig nieuws voor jullie allemaal. Inderdaad, het lijkt erop dat de huidige situatie met de Omega Plus Plus Plus za.3 subvariant zich stabiliseert in het hele Keltische Eilanden Protectoraat, met uitzondering van de regio Galway. Daarom is het slechts een kwestie van korte tijd, misschien slechts een paar maanden, voordat socialiseren binnen huishoudens weer is toegestaan en, inderdaad, dat burgers op hun voordeur mogen staan. Als alles goed blijft gaan, zijn korte wandelingen naar de voordeur misschien haalbaar tegen het begin van de zomer.

Maar mijn boodschap vanmorgen is niet helemaal positief. Voor degenen onder u die de oproep om uw 52e booster te ontvangen niet hebben opgevolgd, zelfs na onze tweede waarschuwing, hebben we een zeer belangrijke boodschap. Kijk naar buiten, ja, nu meteen, dat klopt... wat ziet u? Ziet u die mannen buiten uw huis staan in hazmatpakken? Dat zijn uw plaatselijke Covid-beschermingsfunctionarissen en zij zijn hier om u mee te nemen. Vaarwel, jullie, stoute, stoute kleine schapen die niet langer deel wilden uitmaken van de kudde, vaarwel...'"

De uitzending eindigt en ik hoor geschreeuw. Ik haast me naar het raam en kijk naar buiten. 'Oh mijn god, Assumpta, het zijn onze buren, Séan en Sandra, ze worden meegenomen door een team van CPO's!'

'Oh, wat afschuwelijk, Oisín, in wat voor wereld leven we nu toch...'

'Ik weet het, om te denken dat we al die tijd naast antivaxxers woonden!'

'Het is te verschrikkelijk om over na te denken. Maar,

aan de andere kant, voel ik me zoveel veiliger nu ik weet dat ze weg zijn.'

'Ik ook. Veiligheid boven alles! Zeg, heb je genoeg voorraad daarboven, liefste?'

'Oh absoluut, ik heb genoeg linzen in blik om me op de been te houden. En ik denk dat ik boerenkool en veganistische eieren als ontbijt neem. Ik weet nog steeds niet hoe ze die hebben kunnen maken, je zou echt nooit kunnen zeggen dat ze niet van een kip zijn. En er zit geen cholesterol in!'

'Maar is het echt een verrassing, Assumpta, als je bedenkt wat ze hebben kunnen doen met de vaccins, nu succesvol voor de 33e keer aangepast om alle varianten aan te pakken die Covid, de duivel die het is, heeft geprobeerd te bedenken...'

'Je hebt zo gelijk, Oisín. Jongen, wat hebben we geluk dat we in deze tijden leven.'

'Dat zijn we, dat zijn we, zo heel, heel gelukkig.'

En daarmee ontwaakte ik, helemaal glimlachend, met een warme gloed over mijn hele lichaam.

Ah, moge dit alles uitkomen en moge we allemaal zo gelukkig zijn!

Dus sluit u bij mij aan, beste lezer, en doe zoals ik heb gedaan, en vecht... vecht voor onze toekomst! Want is het niet waar, zoals ik geloof dat ooit in Toy Story werd gezegd, dat er niet genoeg duisternis in de hele wereld is om het licht van één kleine kaars uit te doven. [1]

NOTEN

3. Hoofdstuk Twee: De Vele Vreugden & Zegeningen van de Lockdown

1. 'Effectiviteit van het toevoegen van een mondkapjesadvies aan andere volksgezondheidsmaatregelen ter voorkoming van SARS-CoV-2-infectie bij Deense mondkapjesdragers: Een gerandomiseerde gecontroleerde studie'

4. Hoofdstuk Drie: Oisíns Gidsen voor...

1. LINK WERKT NIET.

7. Hoofdstuk Zes: Stroop je mouwen op iedereen!

1. Vanaf de 2.30 minuten in haar Covid-update hier: www.facebook.com/jacindaardern/videos/in-case-you-missed-the-details-of-our-omicron-response-package-quick-update/309617111058801/
2. 'Immuunimprinting, breedte van variantherkenning en kiemcentrumrespons bij menselijke SARS-CoV-2-infectie en vaccinatie.'

11. Hoofdstuk Tien: De Grote Reset (of 'Het broodnodige plan om de mensheid van zichzelf te redden')

1. Was het niet Tolstoj die dat zei, Oisín? (Red.)

www.ingramcontent.com/pod-product-compliance
Lightning Source LLC
Chambersburg PA
CBHW070527010526
44110CB00050B/2180
* 9 7 8 0 9 4 7 8 7 4 1 9 3 *